ISUS ȘI

ÎMPĂRĂȚIA

DEBLOCAREA CHEMĂRII OMENIRII
ȘI A PUTERII REGATULUI

TOM CORNELL

ISUS ȘI ÎMPĂRĂȚIA

DEBLOCAREA CHEMĂRII OMENIRII ȘI A PUTERII
REGATULUI

TOM CORNELL

SOZO PUBLISHING

LAUDĂ PENTRU ISUS ȘI ÎMPĂRĂȚIE

Tom Cornell a dezvăluit înțelegerea locului tău în Împărăția lui Dumnezeu și care este scopul inițial al existenței tale pe pământ. Cred că fiecare creștin trebuie să citească Biblia din perspectiva Împărăției, nu din perspectiva religioasă. „Căci înfricoșător este Domnul Preaînalt, un mare împărat peste tot pământul" (Psalmul 47:2). Această perspectivă asupra împărăției ascunse care locuiește în fiecare dintre noi este o prescripție perfectă pentru a injecta viață nouă în Hristos Isus. Pe măsură ce citiți pe Isus și Împărăția, permiteți Duhului Sfânt să vă transfere autoritatea și puterea Împărăției supranaturale.

— DR. ISRAEL KIM FONDATOR ȘI
SUPRAVEGHETOR REȚEAUA DE
ÎMPUTERNICIRE A APOSTOLILOR
MINISTRIES CENTRUL APOSTOLIC APE VII
FEDERAL WAY, WASHINGTON

CONTENTS

INTRODUCERE
VĂZÂND BIBLIA PRIN LENTILA LUI ISUS ȘI ÎMPĂRĂȚIA SA

Dacă există un adevăr care va transforma modul în care înțelegeți întreaga Biblie, acesta este acesta: intenția inițială a lui Dumnezeu pentru umanitate a fost Împărăția Sa și Isus a venit să o restaureze. Biblia nu este doar o carte de principii religioase, povești morale sau un plan de evadare pentru cer – este revelația scopului divin al lui Dumnezeu de a-și stabili domnia pe pământ prin poporul Său.

La început, înainte ca păcatul să intre în lume, Edenul a fost imaginea stăpânirii perfecte a lui Dumnezeu – un loc în care cerul și pământul erau una, unde omul trăia în deplină concordanță cu voia lui Dumnezeu. Adam a fost creat după chipul lui Dumnezeu, i s-a dat autoritatea de a conduce, de a se înmulți și de a supune pământul sub stăpânirea lui Dumnezeu. Acesta a fost proiectul original: Dumnezeu și omul conducând împreună în armonie perfectă.

Dar când păcatul a intrat, acea ordine divină a fost perturbată. Pământul a căzut sub corupție, iar omenirea și-a pierdut locul de conducere. Totuși, de la Geneza încolo, planul lui Dumnezeu nu a fost niciodată să abandoneze creația Sa, ci să restaureze ceea ce a fost pierdut. Întregul Vechi Testament este povestea care se desfășoară a angajamentului lui Dumnezeu de a aduce Împărăția Sa înapoi pe pământ. Profeții au vorbit despre o restaurare viitoare, un timp în care Dumnezeu va răscumpăra ceea ce era pustiu și va restabili domnia Sa între oameni (Isaia 61:4).

Atunci a venit Isus și primul Lui mesaj a fost: „Împărăția lui Dumnezeu este aproape" (Marcu 1:15). El nu vorbea doar despre mântuirea din păcat – El anunța restabilirea domniei lui Dumnezeu pe pământ. Acesta este motivul pentru care El i-a învățat pe ucenicii Săi să se roage: „Vie Împărăția Ta, face-se voia Ta , precum și pe pământ, precum în ceruri" (Matei 6:10). Isus restabilește ceea ce Adam a pierdut. Misiunea lui a fost să readucă domnia cerurilor înapoi pe pământ și El a făcut acest lucru prin viața Sa, moartea Sa și învierea Sa.

Mulți creștini își trăiesc viața doar gândindu-se să ajungă în rai – dar realitatea este că planul lui Dumnezeu a fost întotdeauna de a aduce raiul pe pământ. În loc de un plan de evadare, Dumnezeu are un plan de restaurare. Chemarea fiecărui credincios nu este doar să rezistăm până când plecăm, ci să ne asociem cu Dumnezeu pentru a vedea Împărăția Lui extinzându-se în fiecare sferă a vieții.

Despre ce este această carte

Această carte este despre Isus și Împărăția Sa. Este vorba despre redescoperirea Evangheliei nu doar ca un mesaj de mântuire personală, ci ca anunțul restabilirii domniei lui Dumnezeu. Este vorba despre înțelegerea Bibliei prin prisma Împărăției – să vedem cum totul din Scriptură indică pe Isus ca Rege și cum misiunea Lui a fost de a restaura toate lucrurile sub intenția inițială a lui Dumnezeu.

Dacă ai simțit vreodată că viața ta creștină înseamnă doar

așteptarea raiului, această carte te va trezi la adevăratul tău scop. Ai fost făcut să umbli în stăpânire cu Dumnezeu, să aduci Împărăția Lui în lumea din jurul tău. Pe măsură ce vei citi, perspectiva ta se va schimba și vei începe să vezi cum Împărăția lui Dumnezeu nu este doar o realitate viitoare, ci o invitație prezentă – una care te cheamă să trăiești pe deplin aliniat cu voința lui Dumnezeu, aducând astăzi realitatea cerească pe pământ.

1

NEVOIA DE ÎMPĂRĂȚIEI

A fost un moment în istorie când străzile Ierusalimului au izbucnit cu strigăte de „Osana! Salvează-ne!" Oamenii și-au așezat mantiile pe pământ și au fluturat ramuri de palmier în timp ce un rege intra călare în oraș – nu pe un cal de război, ci pe un mânz. Scena a fost electrică, plină de așteptări. Un Mesia venise, dar nu așa cum anticipase cineva.

Au strigat după mântuire pentru că știau că ceva nu este în regulă. Au trăit sub opresiune, nu doar de la Roma, ci de la un dușman mai profund. Problema era mai mare decât conducătorii pământești sau împărățiile – era spirituală. Era ceva în lume, ceva în propriile lor inimi, care era rupt. Aveau nevoie de mai mult decât de o revoluție politică. **Aveau nevoie de un nou tip de regat.**

Pentru a înțelege semnificația acestui moment – Intrarea triumfală – trebuie să ne întoarcem la început. Înainte de strigătele poporului, înainte de cruce, înainte de a fi dată chiar legea. Trebuie să ne întoarcem la vremea când speranța umanității a fost șoptită pentru prima dată în Grădina Edenului.

Geneza, cartea începuturilor, ne spune că Dumnezeu a creat o lume bună. În mijlocul acelei lumi, El a plantat o grădină numită Eden – adică încântare – un loc unde cerul și pământul se întâlnesc, unde Dumnezeu a umblat cu oamenii. El a creat omenirea pentru a prospera în relația cu Sine, pentru a stăpâni creația și pentru a experimenta viața fără moarte.

Aceasta a fost Împărăția inițială a lui Dumnezeu pe pământ.

Era o împărăție construită pe legământ – o relație de încredere, dragoste și ascultare între Dumnezeu și omenire. Era o împărăție a păcii, unde Adam și Eva trăiau în armonie cu Creatorul lor. Nu a fost nicio suferință, nici o asuprire, nici o nedreptate.

Dar ceva a mers prost.

Dumnezeu le dăduse lui Adam și Evei libertatea de a alege și au ales greșit. Ei au ascultat vocea șarpelui în loc de vocea Creatorului lor. Făcând acest lucru, ei s-au separat de însăși sursa vieții.

Proverbele avertizează: *„Există o cale care pare corectă unui om, dar sfârșitul ei este calea morții”. (Proverbe 14:12).* Și acesta a fost rezultatul – moartea a intrat în lume. Moartea fizică. Moartea spirituală. Ordinea creată a fost ruptă.

Omenirea era acum condusă de altceva decât de înțelepciunea lui Dumnezeu. În loc să se încreadă în Domnul, ei s-au încrezut în propria lor înțelegere. Și cu asta, păcatul și moartea au luat tronul.

Împărăția lui Dumnezeu a fost pierdută pe pământ.

Cu toate acestea, chiar și în eșecul lor, Dumnezeu a făcut o promisiune. El a declarat că unul va veni de la femeie — o sămânță care va zdrobi capul șarpelui. Acesta care urma avea să inverseze ceea ce fusese făcut. El va reface ceea ce fusese pierdut.

Dar pentru a zdrobi șarpele, El ar trebui să cucerească moartea însăși.

Din acel moment, lumea a rămas să aștepte ca această promisiune să se împlinească. Pe măsură ce istoria s-a desfășurat, nevoia umanității pentru acest rege care vine a devenit din ce în ce mai clară.

Violența, corupția și rebeliunea s-au răspândit. Oamenii pământului au construit orașe și națiuni, căutând putere, dar toți au căzut în dezordine. Cele mai mari regate ale oamenilor — Egiptul, Asiria, Babilonul — au fost marcate nu de pace, ci de opresiune. Fiecare guvern pământesc a fost condus în cele din urmă de aceeași forță: păcatul.

În loc să conducă cu Dumnezeu, omenirea a căutat să conducă fără El.

Atunci Dumnezeu a chemat un om – Avraam. El i-a spus că prin sămânța sa, toate națiunile vor fi binecuvântate. Promisiunea sa mutat de la Avraam la Isaac, apoi la Iacov. Și apoi, Iacov a profețit asupra fiului său Iuda:

„Toiagul nu se va depărta de la Iuda... Și de el va fi ascultarea poporului" (Geneza 49:10).

Vine un rege.

Dar El nu vine imediat. Oamenii așteaptă. Generațiile trec. Apoi, un păstor din Iuda este uns ca rege — David. Ar putea fi acesta? El ucide uriași, extinde granițele lui Israel și este numit om după inima lui Dumnezeu.

Dar apoi cade.

Păcatul lui David cu Bat-Șeba dovedește că și el este sub puterea păcatului. El nu este zdrobitorul de șarpe. Cu toate acestea, pentru că se smerește înaintea lui Dumnezeu, Domnul îi face o promisiune: cineva din descendența lui va sta pe tron pentru totdeauna.

Cum ar putea fi asta? Fiecare rege moare în cele din urmă. Dacă moartea pretinde fiecare conducător, atunci pentru ca acest Rege să domnească pentru totdeauna, El trebuie să cucerească moartea însăși.

Dar după David, regii lui Israel devin mai corupți. Împărăția se împarte. Oamenii cad în idolatrie. Profeții încep să strige pentru ceva mai mare – o împărăție care nu este construită de mâini omenești, ci una care nu se va sfârși niciodată.

Nevoia pentru Împărăția lui Dumnezeu devine de netăgăduit.

Lumea era plină de regi, dar niciunul dintre ei nu a putut repara ceea ce era stricat. Nici unul dintre ei nu a putut înlătura puterea păcatului și a morții.

Apoi, într-un moment în care speranța părea pierdută, o stea apare pe cer. Magii de la răsărit — neamuri — își urmăresc lumina către un mic oraș din Betleem, orașul lui David. Și acolo, într-o iesle, zace copilul făgăduit.

„Căci vi s-a născut astăzi în cetatea lui David un Mântuitor, care este Hristos Domnul” (Luca 2:11).

S-a născut un rege.

Dar El nu ajunge în bogăție sau putere. El nu este născut într-un palat. El este întins într-un jgheab de hrănire. Nașterea lui nu este anunțată conducătorilor, ci păstorilor.

Acesta nu este regatul pe care oamenii îl așteptau.

Isus crește, trăind o viață fără păcat, rezistând chiar ispitelor care îi biruiseră pe Adam și Eva. Șarpele vine la El în pustie, așa cum venise la omenire în grădină, și Îi oferă o cale mai ușoară. Dar Isus refuză. *„Este scris"*, declară El, ținându-se ferm de adevărul Tatălui Său.

Cu toate acestea, când El vine la poporul Său, ei nu Îl recunosc ca Rege. Ei se așteptau la un Mesia care să doboare Roma, nu unul care să sufere. Ei căutau un leu, dar Ioan Botezătorul a arătat cu degetul și a zis: *„Iată, Mielul lui Dumnezeu, care ridică păcatul lumii!" (Ioan 1:29).*

Poporul lui Israel tânjea ca gloria tronului lui David să fie restaurată. Ei se așteptau ca regele lor să urce în Ierusalim pe un cal de război, să ridice o armată și să-și alunge asupritorii.

Dar, în schimb, Isus intră pe un mânz.

De ce? Pentru că misiunea Lui nu era să pornească război împotriva Romei, ci să cucerească moartea însăși.

El venea la Ierusalim nu pentru a lua puterea, ci pentru a-și da viața. Se îndrepta spre Golgota, spre cruce. Iar oamenii, dintre care mulți tocmai Îl văzuseră înviind pe Lazăr din morți, știau că ceva era diferit la El.

Ei l-au urmat, strigând *„Osana! Salvează-ne!"*

Ei strigau după mântuire, dar încă nu şi-au dat seama ce înseamnă aceasta cu adevărat.

De aceea este nevoie de Împărăţia lui Dumnezeu. Nu doar pentru Israel, ci pentru întreaga lume. Fiecare împărăţie pământească a eşuat. Fiecare conducător uman nu se lăsase în stare.

Păcatul încă domnea. Moartea încă domnea.

Dar Regele venise.

Şi de data aceasta, El nu avea să eşueze.

Aceasta este povestea Regelui şi a Împărăţiei Sale. Aceasta este Evanghelia lui Isus Hristos. Nu este un basm. Nu este o poveste care începe cu „A fost odată ca niciodată". Are rădăcini în istorie. Evanghelia este împlinirea oricărei profeţii, oricărei şoapte, oricărei dorinţe de-a lungul Scripturilor.

Şi acum, prin moartea şi învierea Sa, El ne invită înapoi în Eden – desfătarea lui Dumnezeu.

Acelaşi Isus care a intrat în Ierusalim ca Miel se va întoarce din nou ca Leu. Regele vine din nou. De data aceasta, nu pe un mânz, ci pe un cal alb. De data asta, nu pentru a muri, ci pentru a domni.

Capul şarpelui a fost zdrobit. Moartea şi-a pierdut înţepătura. Împărăţia lui Dumnezeu este aproape.

Şi aceasta... aceasta este vestea bună care va aduce o mare bucurie tuturor oamenilor.

Întrebări de discuție

1. Poporul din Ierusalim se aștepta ca un mesia politic să-i elibereze de sub stăpânirea romană. Cum provoacă sosirea lui Isus pe un mânz, în loc de un cal de război, aceste așteptări și ce dezvăluie acest contrast despre natura Împărăției lui Dumnezeu, spre deosebire de împărățiile pământești?

2. Reflectând la Intrarea triumfală și la evenimentele ulterioare ale patimii lui Isus, cum ilustrează răspunsul mulțimii din Ierusalim („Osana! Mântuiește-ne!") recunoașterea adânc înrădăcinată de către umanitate a propriei frângeri și nevoia de mântuire? Cum ne îmbogățește această scenă înțelegerea mântuirii ca mai mult decât eliberare fizică sau politică?

3. Discutați cum eșecurile împărățiilor și conducătorilor pământești de-a lungul istoriei biblice (de la Egipt la Roma) subliniază necesitatea Împărăției divine a lui Dumnezeu. În ce fel oferă Împărăția lui Dumnezeu, așa cum este exemplificată de Isus, o soluție la problemele păcatului și morții pe care nicio putere pământească nu le-ar putea rezolva?

2
PROMISIUNEA ÎMPĂRĂȚIEI

Tot ceea ce a spus Isus ar trebui să-i urmeze pe credincioși ar trebui să-i urmeze pe credincioși — totul. Eu cred că rugăciunea lui Isus, „Vie Împărăția Ta, face-se voia Ta pe pământ, așa cum este în ceruri", ar trebui să fie și va fi împlinită și este împlinită de biserică.

Când vorbesc cu oamenii și întreb: „Care a fost suma totală a mesajului lui Isus din Evanghelii?" Primesc răspunsuri de genul: "Oh, a fost dragoste. Dacă ar fi să ajungi la miezul mesajului Său, este vorba despre iubire." Dar asta nu este adevărat. Acesta nu este miezul mesajului Său. De fapt, în Evangheliile sinoptice, este probabil una dintre cele mai mici părți ale mesajului Său. Ioan, care a scris ultima Evanghelie, scrie despre iubire. În a doua jumătate a Evangheliei după Ioan, el vorbește mai mult despre dragoste decât toate celelalte trei Evanghelii combinate, deoarece nu era suma totală a mesajului lui Isus.

Alți oameni îmi vor răspunde: „Iertarea păcatului". Ei spun: „Dacă vei rezuma mesajul lui Isus, aceasta este iertarea păcatului". Nici acesta nu este punctul central sau suma slujirii lui Isus. Mesajul și punctul central al slujirii lui Isus Hristos este Împărăția lui Dumnezeu. Isus a predicat Evanghelia Împărăției lui Dumnezeu. Acesta a fost punctul central al vieții și slujirii Sale. Nu vom înțelege Evangheliile sau întreaga Biblie dacă nu înțelegem mesajul lui Isus Hristos. Suma și miezul mesajului Său este Împărăția lui Dumnezeu.

„De atunci, Isus a început să propovăduiască și să spună: „Pocăiți-vă, căci Împărăția cerurilor este aproape". Matei 4:17

Primul lucru pe care îl auzi pe Isus proclamând în Matei capitolul 4 este Împărăția lui Dumnezeu. Ioan Botezătorul? Același lucru – Împărăția lui Dumnezeu. Isus începe să vorbească doar la jumătate de capitol după Ioan Botezătorul. Ce proclamă El? Împărăția lui Dumnezeu. S-a dus și a predicat despre Evanghelia Împărăției lui Dumnezeu. După cum vom vedea, acesta a fost punctul central al vieții și slujirii lui Isus Hristos.

O mare parte din învățătura lui Isus din cartea Matei se găsește în capitolele 5 până la 7. Este ceea ce numim „Predica de pe munte". Aceasta este ceea ce numim etica Împărăției, sau căile Împărăției. Ne vom concentra asupra acestui lucru într-un capitol ulterior. Apoi Isus se întoarce la predicarea Evangheliei Împărăției. De la capitolul 8 până la sfârșitul Evangheliei după Matei, de ce? Pentru că aceasta era suma totală a tuturor învățăturilor Sale – Evanghelia Împărăției lui Dumnezeu.

Isus a spus: „Dacă scot demonii cu degetul lui Dumnezeu, știți că Împărăția lui Dumnezeu a venit peste voi". Chiar și motivul pentru care Isus a scos demonii a fost din cauza Împărăției. Tot ceea ce a vorbit Isus a fost centrat pe Împărăție și, totuși, este probabil unul dintre subiectele cele mai greșit înțelese astăzi. Perioadă. Unul dintre motive este că, pentru noi în America, suntem americani. Nici măcar nu înțelegem regate. Suntem o republică democratică, așa că pentru noi ne spunem: „Regate? Uh, este ca Marea Britanie?" În lumea noastră modernă, occidentală, chiar nu înțelegem împărățiile, ceea ce ne pune într-un dezavantaj în abordarea noastră față de Evanghelie.

Regatele au de-a face cu domnia și domnia unui rege. Deci, când Isus proclamă că o Împărăție este aproape și o Împărăție vine, El vorbește despre domnia și domnia cuiva. Pentru ca noi să înțelegem acest lucru mai complet, trebuie să ne întoarcem la Vechiul Testament pentru că, așa cum am spus mai înainte, dacă citim aceste Scripturi în afară de a înțelege mesajul Împărăției, nu vom vedea ceea ce a vrut Isus să vedem în viața noastră – manifestarea Împărăției și voinței Sale care se face pe pământ așa cum este în ceruri.

„Și aceste semne vor urma pe cei ce cred: în Numele Meu vor scoate demoni; vor vorbi în limbi noi; vor lua șerpi; și dacă vor bea ceva de moarte, nu le va vătăma cu nimic; își vor pune mâinile peste bolnavi și se vor vindeca.” Marcu 16:17-18

Probabil că toți am făcut parte din, sau am văzut, o biserică care vorbește mult despre Scripturi, dar lucrurile pe care Isus le-a spus că i-ar urma pe credincioși nu îi urmează pe credincioși. Apoi oamenii vor veni la niște biserici în care demonii sunt alungați în hol, iar liderii nu încearcă să-l ascundă. Bolnavii sunt vindecați, iar oamenii pur și simplu merg după asta. Care este diferența? Înțelegerea Împărăției.

Am fost la școala biblică și știți cât de mult m-au învățat despre Regat. Nimic. Nu au vorbit niciodată despre asta. Glumesc mereu și spun că îmi vreau banii înapoi. Motivul este că am încercat slujirea timp de zece ani fără să înțeleg mesajul Împărăției și știi câți oameni am văzut că s-a schimbat viața? Câtă vindecare și eliberare a urmat? Foarte puțin, în cel mai bun caz. Și a fost foarte greu . M-am gândit: „Acești oameni sunt păcătoși și nu vor înceta să păcătuiască”. M-am gândit în sinea mea: „Eu propovăduiesc pocăința. Încerc să-i fac să trăiască liberi și nu se întâmplă. Nu funcționează. Cum de?" Pentru că eu nu am înțeles Evanghelia Împărăției și nici oamenii nu au înțeles-o. Așa că mi-am spus: „Nu vreau să mai fac asta niciodată".

Dacă singurul mesaj al lui Isus a fost despre Împărăția lui Dumnezeu, ghiciți despre ce este singurul mesaj al bisericii? Împărăția lui Dumnezeu. O putem vedea în cartea Faptele Apostolilor. În capitolul 8, citim despre Filip, Evanghelistul.

„Dar când l-au crezut pe Filip când predica lucrurile despre Împărăția lui Dumnezeu și Numele lui Isus Hristos, și bărbați și femei au fost botezați." Fapte 8:12

Scripturile mai spun că el a făcut minuni, a scos duhuri necurate și a vindecat pe mulți care erau șchiopi și paralizați. Deci, a fost o mare bucurie în acel oraș. Atunci s-au coborât apostolii, iar credincioșii au fost botezați în Duhul Sfânt mai târziu în capitol. Deci, ghici ce? Acest lucru modelează perfect ceea ce a spus Isus că îi va urma – eliberare, vindecare și ei vor vorbi în limbi noi. Toate acestea se întâmplă într-o mică secțiune din Faptele Apostolilor și se întâmplă din nou și din nou și din nou.

S-a întâmplat în viața lui Isus în fiecare zi și s-a întâmplat în viața ucenicilor în fiecare zi. Dar nu se întâmplă în majoritatea vieților noastre pentru că nu înțelegem Împărăția. Dar până la sfârșitul acestei cărți, mă voi asigura că înțelegem toată treaba prin harul lui Dumnezeu prin prisma lui Isus Hristos și a Împărăției lui Dumnezeu.

Din cauza păcatului care a pătruns în lume, acum este nevoie ca un Împărat să vină. Adam și Eva au avut un rege. Ei au părăsit stăpânirea și domnia Lui și au intrat sub un nou rege care conduce o împărăție a întunericului. Acestea sunt toate temele din Scripturi. Biblia vorbește despre această epocă și despre cea care va veni. Dacă începi să înțelegi această epocă și cea care va veni, vei începe să înţelegi limba Regatului. Isus a vorbit despre conducătorul acestui veac şi apoi despre Domnul, noul Împărat al Regilor. Aşadar, avem conducătorul acestei lumi sau al acestui veac şi îl avem pe Regele Împărăţiei lui Dumnezeu, pe Isus Hristos – Regele Împărăţiei care a venit şi care vine.

Întregul Vechi Testament indică un Rege, o Împărăţie şi o nouă eră. Vedem asta iar şi iar în Scripturi. Vreau să vă arăt, cât mai repede şi concis posibil, cum puteţi prinde acest fir al Împărăţiei lui Dumnezeu de-a lungul Vechiului Testament.

Ceva s-a întâmplat în Vechiul Testament. Adam şi Eva au păcătuit, aceasta a produs nevoia de Împărăţia lui Dumnezeu. Păcatul intră în lume, iar când o face, moartea intră în lume. De ce? Pentru că plata păcatului este moartea. Deci, moartea intră în lume şi pentru că un singur om a păcătuit, toţi au păcătuit. Pentru că un om a murit, toţi mor – până la Isus Hristos. Aşadar, ceea ce trebuie să înţelegem este că ceea ce l-a afectat pe om la începutul Bibliei, în Geneza capitolul 3, este şi acum acelaşi lucru care îl afectează pe om şi astăzi. Nu s-a schimbat.

Motivul pentru care doar dorinţa de a fi o persoană bună nu funcţionează este pentru că, la început, a existat o lume perfectă în care spaţiul lui Dumnezeu şi spaţiul nostru se suprapuneau. A fost minunat. Adam şi Eva nu aveau haine pe ei. Dacă eşti căsătorit şi nu ai încă copii, ştii cum a fost - sunt pre-copii, nu? Te plimbi prin casă în costum de ziua ta. Fără ruşine. Şi este o lume minunată. Dumnezeu umblă liber prin acel loc. Este un loc frumos. Este un Regat. Regula lui Dumnezeu este perfectă.

Dar era ceva în Regat cu care nu trebuia să se încurce. Era pomul cunoaşterii binelui şi răului. Nu trebuia să mănânce niciodată din el. Nu a existat un moment în care să fi fost de genul „Păi, bine, acum putem mânca din el". Dar Adam şi Eva au luat o decizie care spunea că sunt mai buni în a determina ce este bine şi rău decât Dumnezeu. Dumnezeu spune: „Copacul acela nu este pentru tine. Va duce la moarte. Nu-l mânca". Așa că, Adam și Eva păreau să se gândească: „Serios? Nu știu – poate că suntem mai bine să judecăm ce este bine și ce nu, ce este rău și ce nu". Așadar, așa se întoarce omul de la domnia și domnia lui Dumnezeu.

Acum, asta este ceea ce trebuie să înțelegem: în orice moment al Vechiului Testament, vedem vreodată oameni făcând o treabă bună în alegerea și determinarea ce este bine și ce este rău pentru ei înșiși? Nu, noi nu. Imediat, Adam și Eva au copii, iar unul îl ucide pe celălalt.

Imediat, el crede că acest lucru este bun și corect. Câți dintre voi au avut copii sau au fost în preajma copiilor la un moment dat? Sunt buni să determine bine și rău? Nici unul dintre noi. De obicei, îi auzim spunând „Al meu!" și apoi au lovit un alt copil. A trebuit cineva să-i învețe asta? Nu. Ei merg la casa altcuiva și tot spun doar: „A mea". Există ceva în interiorul lor încă de la naștere care nu este bun în a judeca ce este bine și ce este greșit. S-au născut cu o natură coruptă. Deci, toți trebuie să-L acceptăm pe Isus Hristos pentru a avea natura divină.

Vedem că din vremea lui Adam și a Evei, există acest tipar continuu de oameni care determină ce este bine și ce este rău, ce este bine și ce este rău, și ei nu sunt buni la asta. Din această cauză vedem potopul cu Noe. Vedem Turnul Babel din această cauză. Ei cred că este o idee bună să-și facă un tron în ceruri pentru ei înșiși, iar Dumnezeu spune: „Asta nu este bine. Să le confundăm limbajul, astfel încât să nu poată continua să comunice între ei și să facă orice rău are în inima lor de făcut". Dumnezeu spune: „Nu putem lăsa să se întâmple asta".

Din nou, în Geneza capitolul 6, vedem îngeri care au păcătuit – același lucru. Ei au decis să stabilească ce este bine și ce este rău pentru ei înșiși, în loc să-l lase pe Dumnezeu să determine asta. Au venit și au avut relații cu femei. Au avut copii cu ei, iar acei copii au devenit uriașii zilei. Așadar, vedem uriași în Țara Făgăduinței și ei sunt acești oameni corupți, care au coborât din aceasta. Toate acestea sunt legate de corupția din inimile oamenilor din alegerea lui Adam și Eva de a decide ce este bine și rău în afară de Dumnezeu.

Turnul Babel devine o imagine pe tot restul Vechiului Testament a acestei probleme. Problema este că atunci când omul capătă putere cu o inimă coruptă, ei încep să corupă. Și când vedem Egiptul, Egiptul devine un alt exemplu în acest sens. Faraonul devine o imagine a lui Babel. El se gândește: „Știi ce? Acești sclavi au prea mulți copii. Să-i ucidem pe primul născut. Să-i ucidem pe băieții – pe bărbați". Acest lucru nu este bine, dar pare să creadă că este. În mintea lui Faraon, asta era un lucru bun de făcut. Vedeți cum nu ne pricepem să judecăm?

Și exact aceeași problemă există și astăzi. Babel este și astăzi problema noastră și corupe chiar și Biserica astăzi. Astăzi, oamenii vor spune: „Ei bine, nu vreau acest copil, așa că voi scăpa de el". Când citim despre Faraon în Biblie, nimeni nu se gândește: „Acesta pare un tip grozav". Nu, încearcă să omoare bebeluși și să distrugă familii. Și totuși, în societatea noastră, o facem în fiecare zi. Și o mulțime din Biserică nu are nicio problemă cu asta. Noi spunem: „Este alegerea unei femei", ceea ce este la fel cu a spune: „Este alegerea lui Faraon". Nu, nu este alegerea ta. Viața este viață. Îi aparține Domnului și nu ar trebui să-l iei. Este păcatul.

Pomul cunoașterii binelui și a răului este același lucru care corupe Babel, strică Egiptul și înrobește poporul lui Dumnezeu — poporul Său ales, Israel. Deci, Israelul este acum înrobit de această putere coruptă, iar Dumnezeu devine un eliberator. Aceasta este prima dată când Îl vedem pe Dumnezeu ca Dumnezeul mântuirii. El își eliberează poporul din mâinile lui Faraon, care este ca mâinile lui Babel, nu? Inimile corupte. Apoi

Domnul îl scoate pe Israel din ape în Exodul capitolul 15, iar ei cântă un cântec. Ei spun aceste cuvinte:

„Voi cânta Domnului, căci El a biruit cu slăvi! El a aruncat în mare calul și călărețul lui! Domnul este puterea și cântecul meu și El a devenit mântuirea mea." Exod 15:1-2

Aceasta este prima dată când Dumnezeu este menționat ca Dumnezeul mântuirii. El este un salvator, un eliberator. Cuvântul „mântuire" înseamnă a salva și a elibera. Israelul începe apoi să numească acest eveniment „Ziua Domnului". Acest limbaj este atât de important – este în toată Biblia, chiar și în cartea Apocalipsei, „Ziua Domnului". Aceasta este direct legată de mesajul Împărăției. Acest lucru va face ca multe lucruri din Biblie să nu mai pară ciudate și să înceapă să aibă sens.

Să înțelegem ce este „Ziua Domnului". Este atunci când Dumnezeu apare și îndreaptă lucrurile. El aduce judecata celor care au fost nedrepți și îi eliberează pe cei asupriți. Este „Ziua Domnului". Acesta este ceea ce Israel a sărbătorit și a numit „Paștele". Dar ei au numit-o mai întâi „Ziua Domnului", „Ziua Domnului". Aceasta devine o temă centrală de-a lungul Scripturilor, până în Vechiul Testament și chiar în Noul Testament. Poporul lui Dumnezeu așteaptă pe Domnul să aducă Ziua Domnului.

Dar după cum citim în poveste, Israelul intră în Țara Făgăduinței și ghiciți ce se întâmplă? Ei devin corupti si de Babel. Lucrul rău care spune: „Ești mai bun în a determina ce este bine și ce este rău, ce este bine și ce este corect, așa că alegi". Deci, ei încep să aleagă și vedem asta în Scripturi, unde regii încep să ia pământ de la oameni doar pentru că ei doresc. Regina Izabela recunoaște dorința soțului ei pentru ceva care nu este al lui, care aparține altcuiva și spune: „Îți voi primi" (vezi 1 Regi 21). Și iau pământul celor cărora le aparține (Nabot și familia lui). Israel a făcut multe alte lucruri de genul acesta, iar răspunsul lui Dumnezeu prin profeți este în esență: „Bine, urmează o altă zi și, când va veni acea zi, este ca și cum a sosit ședința de judecată, iar Judecătorul Își va lua locul și El își va da verdictul.

Ziua Domnului vine acum și toți profeții încep să vorbească despre ea - o zi în care Domnul va avea dreptatea Sa. În mintea lui Israel, ei cred că va fi o zi bună. Ei se gândesc: „Vine o zi și va fi o zi bună". Atunci profeții încep să spună: „Ziua minunată a Domnului". Și un alt profet spune: „Ziua înfricoșătoare a Domnului". Israelul se gândește: „Ei bine, care este acesta? Este bun sau îngrozitor?" Trebuie să înțelegem că acțiunile noastre determină dacă este o zi bună sau îngrozitoare. Domnul spune în Mica:

„El ți-a arătat, omule, ce este bine; și ce cere Domnul de la tine decât să faci dreptate, să iubești mila și să umbli smerit cu Dumnezeul tău?" Mica 6:8

Dumnezeu spune, nu-ți face griji pentru cei care te tratează pe nedrept și prosperă. Va fi o zi a răsplătirii și a dreptății. Vor arde ca pleava. Ziua Domnului vine. Și ghici ce? Ziua Domnului vine – doar nu așa cum se așteptau ei. Pentru că o parte din mesajul lui Dumnezeu către Israel a fost că ei au devenit asupritori. Ei deveniseră chiar dușmanul de care Dumnezeu i-a eliberat odată.

Babilonul intră în Ierusalim și îl ia. Acum, Ierusalimul este orașul de pe un deal – locul de unde ar trebui să strălucească lumina noastră, o lumină ca un oraș pe un deal. Ierusalimul este orașul păcii. Este foarte greu să iei un oraș pe un deal. Cel care mărșăluiește până la el are un dezavantaj, mai ales dacă orașul are un zid în jurul lui. Ei bine, ghici ce? Ierusalimul avea un zid și era în vârful unui deal – foarte greu de luat. Deci, Babilonul intră, iar profeții spun: „Ei vin". Ieremia spune: „Ascultă, acest lucru nu va fi bine. Domnul va face asta". Și Israel spune: „Nu se poate", și într-o clipă, ei sunt duși în robie și aceasta este Ziua Domnului.

Judecata a fost făcută, nu asupra dușmanilor lui Israel, ci asupra lui Israel, pentru că ei erau cei care erau în nelegiuire. Furau de la săraci.

„Așa vorbește Domnul: Pentru trei fărădelegi ale lui Israel și pentru patru, nu-i voi abate pedeapsa, pentru că ei vând pe cei drepți cu argint și pe săraci cu o pereche de sandale. Ei gâfâie după țărâna pământului care este pe capul săracilor și strică calea celor smeriți. Un bărbat și tatăl său intră la același nume, ca să pângărească pe altar, cu fiecare fetiță, ca să pângărească hainele mele. bea vinul celor osândiți în casa zeului lor". Amos 2:6-8

Deci, asta se întâmplă. Un tată și fiul său se culcă cu aceeași femeie – Biblia spune că nu faceți asta. Israel spune: „Dar noi vrem". Inimile lor au fost corupte de Babel. Ei se culcă cu prostituate din templu ca un act de închinare către un zeu străin. Chiar dacă ești căsătorit, te culci cu prostituata din templu ca un act de închinare. Unul dintre lucrurile care se întâmplă aici se regăsește în declarația „haine luate în gaj". Israel lua hainele săracilor – este singura lor haină, chiar și pătura lor noaptea. Și Scriptura spune:

Dacă vei lua vreodată haina aproapelui tău ca gaj, să i-o întorci înainte de apusul soarelui. Căci acesta este singurul său înveliș, este haina lui pentru pielea lui. În ce va dormi? Și se va întâmpla că, când va striga către Mine, voi auzi, căci sunt milostiv. Exod 22:26-27

Deci, Israel ia hainele săracilor. Nu numai că nu le întorc, dar le folosesc pentru a se culca cu prostituatele de pe treptele templului. Deci, Dumnezeu spune că Ziua Domnului va veni și va veni – Babilonul vine și îi duce în robie.

Israel și-a dat seama că Ziua Domnului va fi o zi a judecății, dar apoi va fi o zi a mântuirii. Deci, Israel începe să spună: „Mântuirea trebuie să vină pentru că am plătit pentru acest păcat". Și apoi Israelul se întoarce acasă și atunci Neemia și Ezra reconstruiesc Ierusalimul. Dar în această perioadă de timp , au început să fie șoapte și murmure ale unui rege care vine – un rege ca David, unul care ar sta pe tronul lui David.

De ce David? Pentru că David a trăit și a domnit în timpul celui mai mare succes al lui Israel. David a fost un om după inima lui Dumnezeu, un om virtuos chiar și cu toate păcatele sale. Deci, David și tronul său devin această imagine a acestui rege care vine. Dumnezeu chiar i-a profețit lui David, promițându-i că cineva din descendența lui va sta pe tronul lui pentru totdeauna. Israelul a început să proclame că Împăratul vine și El va aduce Ziua Domnului — mântuirea pe care trebuia să o obțină când au fost eliberați din Babilon, deoarece, când s-au întors, Ierusalimul era încă în ruine. Promisiunea din Isaia 52 a fost că ei îl vor vedea pe Domnul întorcându-se la Ierusalim și El își va mângâia poporul. Dar asta nu s-a întâmplat când Israelul a fost eliberat din captivitate.

Israel șotea: „Vine ziua Domnului", iar Isaia 40 a vorbit despre un om sălbatic care va îndrepta calea în pustie și va pregăti calea venirii Domnului. Apoi Ioan Botezătorul vine în scenă și predică despre Împărăția lui Dumnezeu. Așa că acum există această contopire între Ziua Domnului și mesajul Împărăției lui Dumnezeu și începe să se ridice un mesaj despre această epocă și cea care va veni.

Această vârstă este condusă de Satana, păcatul, moartea și răul. Este problema Babilonului — problema cu inima omului. Această vârstă este condusă de Satana, dar va veni cineva care este sămânța lui David și El va pune capăt acestui veac. Va fi Ziua Domnului. Ioan Botezătorul a spus: „Furculița de vânat este în mâna Lui – vine Ziua Domnului, Împărăția lui Dumnezeu este aproape". Oamenii au început să întrebe: „Ce trebuie să facem?" Ioan spune: „Botezați-vă, spălați-vă păcatele, arătați că sunteți aprobat și trăiți drept, pentru că Domnul Iehova se întoarce la Ierusalim, așa că pregătiți-vă." Aceasta este așteptarea lui Israel: Domnul este pe drumul Lui — Ziua Domnului va veni și va fi o zi de răzbunare pentru cei răi. Va împărți timpul în jumătate și vor fi acea vârstă și această vârstă.

Apoi vine El, învelit în pânză și culcat într-o iesle, nu ceea ce se așteptau ei. În mintea lor, El S-a născut în orașul greșit. Ei aveau toate aceste idei preconcepute despre cum va fi Mesia. Răul zilei lor era Roma, așa că ei au crezut că El trebuie să vină să o ia pe Roma, iar Israelul va domni ca David, iar Împărăția va fi din nou stabilită fizic. Deci, Ziua Domnului vine în persoana lui Isus Hristos.

Într-un fel, Ziua Domnului este Calvarul, iar Isus Însuși preia răul real – nu Roma. El lasă păcatul, moartea și răul să ia cea mai bună lovitură asupra Lui. Ei își pun toate puterile și armele asupra Lui, iar El îi duce în mormânt, iar în a treia zi, El înviează. Și aceasta este o Zi a Domnului. Crucea a fost o zi a judecății — judecata voastră și judecata mea puse asupra Lui. Iar învierea este o zi a mântuirii. Este o zi în care toți cei care cred și cheamă numele Domnului vor fi eliberați. Este o Zi a Domnului. Se întâmplă ziua judecății și apoi se întâmplă ziua mântuirii. Deci, Isus proclamă Isaia 61:1-2:

„Duhul Domnului Dumnezeu este peste Mine, pentru că Domnul M-a uns să propovăduiesc vești bune săracilor; El M-a trimis să vindec pe cei cu inima zdrobită, să vestesc robilor libertatea și deschiderea temniței celor care sunt ținuți, să vestesc anul binevoitor al Domnului." Isaia 61:1-2

El proclamă Ziua Domnului. Este, de asemenea, o imagine a Jubileului - anularea tuturor datoriilor. Israel nu a săvârșit niciodată un Jubileu, iar apoi Iisus Hristos îl face pe primul pe pomul Calvarului, făcând posibil ca toate datoriile să fie anulate și ca totul (în acest caz noi) să se întoarcă la proprietarul său de drept (Dumnezeu).

Deci, tu și cu mine — ne uităm înapoi la Ziua Domnului și ghicim ce spune Scriptura? Mai urmează încă o zi! Și noi, ca și Ioan Botezătorul, trebuie să proclamăm Evanghelia Împărăției, venirea acestui Împărat, despărțirea veacului acesta și a veacului viitor. Ei se așteptau să se întâmple atunci, dar Dumnezeul nostru este un Dumnezeu milostiv și milostiv, un Dumnezeu îndelung răbdător – nu dorește ca nimeni să piară, ci toți să fie mântuiți.

Deci, vine o zi – este tronul alb al judecății și este Ziua Domnului. Sigiliile sunt rupte, iar Mielul lui Dumnezeu este vrednic să aducă o altă „Ziu". Apocalipsa 21 vorbește despre intrarea în Noul Ierusalim. Aceasta este Ziua Domnului. Prima zi este ziua judecății înaintea tronului alb. Apoi ziua mântuirii — intrarea în Noul Ierusalim. Totul depinde de Ziua Domnului. Mântuirea voastră a fost făcută posibilă datorită Zilei Domnului. Și urmează o zi în care nu va mai exista o opțiune pentru tine, pentru mine sau pentru nimeni să se pocăiască. Ziua aceea va veni ca un hoț în noapte. Și dacă nu sunt gata, dacă nu și-au schimbat hainele, dacă nu au acceptat plata păcatelor lor, când va veni ziua aceea, nu va mai fi milă.

Deci, Biserica este vestitorul lui Dumnezeu, declarând că vine Ziua Domnului. Domnul vine. Va fi o zi bună pentru cei care își pun încrederea în Isus Hristos. El este singura cale de intrare. Numele lui înseamnă literal mântuire. Singura cale de a intra în orașul mântuirii este prin persoana mântuirii. El este poarta. El este ușa. Trebuie să intrăm prin El.

Yeshuah — Iahve este mântuirea. Iar pentru cei care spun: „Toate căile duc la Dumnezeu sau la Rai" nu, nu. Biblia spune că Isus a spus despre Sine: „Nimeni nu vine la Tatăl decât prin Mine". El este ușa pentru a intra în eternitate. Deci, Ziua Domnului, acest veac şi veacul ce va veni – Împărăţia lui Dumnezeu – toate acestea sunt legate. Oferim unei lumi muribunde, rănite şi zdrobite oportunitatea de a fi mântuită de la înecarea în păcatul lor. Dar trebuie să chemăm numele Domnului, iar înotatorul salvator — Iahve — se va scufunda pentru a ne salva. Dar tu trebuie să invoci Numele Lui şi vei fi izbăvit. Vei fi mântuit de puterile acestei lumi şi vei deveni o nouă creaţie în Isus Hristos.

Faptul că va veni o zi produce zel în noi. Isus spune că va veni peste noi pe neaşteptate. Deci, dacă încă trăim conform spiritului Babel şi Babilon, va fi o zi serioasă. Este un lucru serios ca Domnul să vină peste tine. Este un lucru îngrozitor dacă nu eşti pregătit pentru Domnul.

Viaţa asta nu trebuie jucată. El spune că este un vapor - azi aici, mâine plecat. Fii foarte atent cu el. Fii foarte atent. Dar pentru cei care caută dreptatea şi Împărăţia Lui, ce spune El?

„Căutaţi mai întâi Împărăţia lui Dumnezeu şi dreptatea Lui şi toate aceste lucruri vi se vor adăuga." Matei 6:33

Caută asta mai întâi. Există un ţăruş care a fost pus în pământ la Calvar şi mai este un ţăruş. Numai Tatăl ştie când va veni. Aceasta este o perioadă a harului şi a milei lui Dumnezeu. El stă ca un înotător, aşteaptă să strigi. Dar dacă nu o faci, nu vei fi mântuit şi nu va fi vina Lui. Era acolo, gata, aşteptând să suni.

Pavel şi Sila erau în închisoare. Pentru cei mai mulţi dintre noi, s-ar simţi ca şi cum ne-am înecat. Dar ce au făcut? S-au închinat Domnului. Ei au spus: „Aceasta este ziua pe care a făcut-o Domnul. Ar trebui să ne închinăm Lui în ea". Erau încântaţi. Ghici ce sa întâmplat? Directorul şi familia lui au început să fie salvaţi. Semne au început să-i însoţească pe aceşti credincioşi.

Acum, s-ar putea să fii într-o închisoare spirituală, iar puterile întunericului și ale păcatului s-ar putea să te înece în continuare. S-ar putea să vă gândiți: „Sunt bun. Cred în Isus". Dar te-ai pocăit? Te-ai chemat numele Domnului și te-ai pocăit cu adevărat, cu adevărat? I-ai permis Lui să te scoată din acea împărăție? Trebuie să luați acele lucruri din Babel și Babilon, să scăpați de ele și să trăiți o viață sfântă și dreaptă în acest veac, astfel încât atunci când va veni Ziua Domnului, să fie o zi bună. Va fi o zi sărbătorită pentru tine. Trăiește în așa fel încât să nu fie un lucru înfricoșător când va veni acea zi, ci o zi de bucurie. Amin.

Întrebări de discuție

1. Cum vă influențează înțelegerea Evangheliilor recunoașterea Împărăției lui Dumnezeu ca temă centrală a slujirii lui Isus?

2. În ce moduri practice poți acorda prioritate căutării Împărăției lui Dumnezeu în viața ta de zi cu zi?

3. Reflectați asupra domeniilor din viața voastră în care s-ar putea să vă bazați pe propria înțelegere a binelui și a răului în loc de îndrumarea lui Dumnezeu. De ce este o provocare pentru oameni să se supună lui Dumnezeu și cum se pot sprijini reciproc credincioșii în această călătorie?

4. Ce înseamnă „Ziua Domnului" pentru tine personal și cum are impactul asupra perspectivei tale asupra vieții?

5. Cum poți să trăiești în mod activ pregătindu-te pentru această zi și să-i încurajezi pe alții să facă același lucru?

3

SOSIREA REGATULUI

Dorința mea este ca Biserica să înțeleagă în întregime Scripturile și cred că cel mai bun mod de a înțelege Scripturile ca o poveste unificată – de la Geneza la Apocalipsa – este prin prisma Împărăției lui Dumnezeu. Văd atât de mulți oameni care merg la biserică, care îl iubesc pe Isus și care își citesc Biblia, dar niciunul dintre lucrurile despre care Isus a spus că ar trebui să-i urmeze pe credincioși nu îi urmează. Dau vina pentru asta pe Biserică. Nu dau vina pentru asta pe credincioși, așa că nu vă simțiți condamnați. Vreau doar să văd Biserica să fie ceea ce Dumnezeu a creat-o să fie.

Intenția Lui era ca semnele și minunile să urmeze Evanghelia Împărăției ca dovadă a mântuirii: vindecări, eliberare și miracole (vezi Marcu 16:17-18, Evrei 2:4). Regatul ar trebui să-i urmeze pe cei care sunt cetățeni ai Regatului oriunde merg. L-a urmat pe Isus și a fost intenția Lui ca să urmeze și viețile noastre. Dar există unele lucruri pe care trebuie să le realizăm în inimile și mințile noastre pentru ca asta să se întâmple și unul dintre aceste lucruri este înțelegerea Împărăției lui Dumnezeu.

După cum am menționat anterior, este suma totală a

mesajului lui Isus. Pentru a înțelege mai pe deplin, trebuie să vedem mai întâi că a fost promis un Rege, iar acum trebuie să înțelegem sosirea Regelui. De ce credem că sosirea lui Isus a avut îngeri în cer și pe pământ vestind „vești bune pentru toți oamenii", declarând că se naște un Mântuitor? O spunem de Crăciun, dar este ceva ce trebuie să avem în inimile noastre tot timpul pentru că este ceea ce are nevoie lumea – vești bune pentru toți oamenii.

Când deschidem Scripturile din Geneza, cuvântul „Geneza" înseamnă „începuturi" – deci „la început". Vedem la început că există un Dumnezeu bun care face o lume bună și El face o grădină. Apoi El plasează singura creație pe care a creat-o după asemănarea Sa în acea grădină pentru a merge cu El și a comunica cu El. Alte creaturi erau acolo, dar nu au fost făcute după chipul și asemănarea Lui. Chipul lui Dumnezeu este plasat peste aceste creaturi pe care le numim oameni. Ei au fost puși acolo să comunice cu Dumnezeu în acest loc unde cerul și pământul se suprapuneau.

În mentalitatea noastră occidentală, avem pământ și apoi avem rai, iar în mintea noastră nu există nicio legătură între cele două. Dar, la început, a existat o legătură completă între cei doi. A existat o suprapunere a spațiului lui Dumnezeu și a spațiului nostru. Am umblat în spațiul lui Dumnezeu și Dumnezeu a umblat în spațiul nostru.

Ne gândim adesea că într-o zi vom muri și vom merge în rai dacă credem în Isus. Oricât de precisă este aceasta, nu este tema centrală a Scripturilor. Tema Scripturilor este că Dumnezeu încearcă să aducă raiul pe pământ. El încearcă să rezolve problema separării „spațiului lui Dumnezeu" și „spațiului nostru". Pentru El, separarea spațiilor noastre este o problemă. El dorește ca spațiile noastre să fie una, ca noi să fim una cu El în spațiul nostru – inclusiv al Lui și al nostru. De aceea Iisus S-a rugat și ne-a învățat să ne rugăm: „Vie Împărăţia Ta, fă-se voia Ta şi pe pământ precum în ceruri". Acesta este ceea ce El vrea şi pentru asta a venit.

Dacă nu înţelegem întregul Scripturi cu acest scop în minte, vom rata ideea. Raiul nu înseamnă să te odihneşti pe nori pentru totdeauna cu bebeluşi mici şi graşi cântând la harpe. Asta nu este imaginea raiului, nici imaginea eternităţii. Când oamenii gândesc aşa, ei cred că raiul pare plictisitor pentru că văd o imagine pe care altcineva a pictat-o, nu ceea ce ne învaţă Scripturile.

Unii cred că Evanghelia este Isus spunând: „Dacă nu Mă iubeşti, te voi trimite în iad". Aceasta nu este Evanghelia – perioada. Păcatul duce la moarte. Dumnezeu a iubit atât de mult lumea încât L-a trimis pe Fiul Său să moară în numele nostru, ca să putem primi răsplata Lui, care este viaţa. Nu este vorba despre „iubeste-ma sau te voi trimite in iad". Alegerile noastre greşite ne-au trimis în iad, iar Dumnezeu a venit şi a mers în iad în numele nostru, astfel încât să putem locui în spaţiul Său şi să vedem cerul şi pământul reunite într-un popor.

Aceasta este Evanghelia. Trebuie să vedem Evanghelia în mod clar, astfel încât ceea ce împărtăşim cu alţii să picteze o imagine clară a ceea ce a comunicat Dumnezeu. Dumnezeu nu a intenţionat niciodată să fie despărţit de copiii Săi. Separarea dintre spaţiul lui Dumnezeu şi spaţiul nostru s-a întâmplat din cauza umanităţii. Omenirea a ales să stea pe un alt tron decât cel pe care Dumnezeu le-a dat să conducă împreună cu El asupra creaţiei. S-au aşezat pe propriul lor tron, conducând aşa cum doreau ei – hotărând ce era bine şi rău în ochii lor. Răul a intrat în inimile lor şi a adus cu el puterea răului.

Scriptura spune că şarpele – care se numeşte diavolul şi Satana, balaurul din vechime, cel care era în grădină – şi-a umplut inimile şi acum stăpâneşte peste ei, în timp ce ei stau pe un tron cu El, stăpânind pământul după căile lui. Aceasta duce la păcat, moarte și rău. Isus spune că Satana a venit să fure, să omoare și să distrugă. Asta a intrat în inimile omenirii. Moartea nu a fost niciodată planul lui Dumnezeu sau intenția Lui pentru noi. Viața veșnică a fost întotdeauna planul pe care Tatăl l-a avut pentru noi. Dar când am ales păcatul, acesta a dus la moarte, așa cum ne-a avertizat El.

Dumnezeu îi spune chiar lui Cain: „Păcatul îți bate la ușă. Nu deschide ușa aceea. Îți va lua viața". Cain deschide ușa și ia viața fratelui său și, în cele din urmă, viața lui. Păcatul duce la un oraș numit Babel, unde aceeași corupție care a pus stăpânire pe Cain a stricat întregul loc. Dumnezeu spune că nu este bine și El împarte națiunile. Dar planul Său a fost întotdeauna să-i aducă înapoi într-o zi într-o singură națiune.

Deci, Dumnezeu alege un om pe nume Avraam. El îi spune lui Avraam: „Voi face din tine o națiune – o națiune care binecuvântează pământul în loc să-l blesteme". După cum am discutat, apare o speranță că cineva va veni să răscumpere omenirea. Dumnezeu spune că va fi sămânța lui Avraam. Avraam îl are pe Isaac. Isaac îl are pe Iacov. Iacov are un fiu pe nume Iuda. Iuda va ține sceptrul, simbolul unui rege. Acesta va fi rege. Moise îl vede pe același rege. El spune: „Un profet mai mare decât mine".

„Voi ridica pentru ei un profet ca tine dintre frații lor și îi voi pune cuvintele Mele în gura Lui și le va spune tot ce Îi poruncesc."
Deuteronom 18:18

Balaam spune: „O stea va ieși din Iacov, un sceptru se va ridica din Israel". O stea va fi semnul sosirii Regelui. Apoi vedem în Scripturi imaginea tronului lui David. Dumnezeu îi spune lui David:

„Când ți se vor împlini zilele și te vei odihni la părinții tăi, voi

ridica după tine sămânţa ta, care va veni din trupul tău, şi voi
întări împărăţia lui." 2 Samuel 7:12

Dumnezeu spune că cineva va sta pe tronul tău, David, şi el va avea o împărăţie. Deci, cum de, în Noul Testament, mesajul lui Isus este despre o împărăţie? Pentru că este vorba despre un rege care a venit să conducă şi să domnească. Dumnezeu a spus: „El va zidi o casă Numelui Meu şi voi întări tronul împărăţiei Sale pentru totdeauna". Povestea devine şi mai bună, totuşi. În versetul 14, El spune: „Eu voi fi Tatăl Lui şi El va fi Fiul Meu". Stai, ce? Yahweh va fi Tatăl Său? Nu tu, David. El va fi fiul tău, dar în cele din urmă Eu voi fi Tatăl Lui şi El va fi Fiul Meu.

Deci, acum vine cineva care este din Avraam, care este din Iuda. Ce rege era din neamul lui Iuda? Regele David. S-au gândit, poate că David este regele promis. Nu era Saul – el nu era din neamul lui Iuda, ci din Beniamin. Ce se întâmplă? Apare David şi se gândesc: „Iată-l pe regele. El trebuie să fie acela". El este cel care ţine sceptrul. Ei bine, nu era el, deşi era un om după inima lui Dumnezeu. El a păcătuit şi el, a cedat corupţia lui Babel şi a murit ca ceilalţi. Deci, trebuie să mai fie cineva care să stea pe acel tron, dar când va veni, el va fi Fiul lui Dumnezeu.

Acum, există acest mister. Nici nu cred că Satan a înţeles. Satana priveşte, ascultă pe profeţi şi se gândeşte: „Trebuie să-l ucid pe acest salvator". Trebuie să reflectăm la asta. Îi vedem pe aceşti oameni în care intră Satana, ca Faraon, şi îi ucid pe toţi întâii născuţi. Este ca şi cum Satana ştie că va veni un salvator – un eliberator care va domni ca rege. Parcă înţeleg anotimpul şi ora. Satana a înţeles anotimpul şi ora naşterii lui Moise, aşa că a început să omoare toţi pruncii. E ca şi cum ar fi ştiut că Dumnezeu a ridicat un salvator şi au trebuit să oprească.

Ce se întâmplă în zilele lui Isus? Isus trebuie să fugă în Egipt. De ce? Irod află despre un rege şi începe să omoare pe toţi copiii sub doi ani din regiunea în care s-a născut Isus. Isus trebuie să fugă în Egipt. Este ca o reluare a Egiptului. Scriptura spune: „Din Egipt, Am chemat pe Fiul Meu". Așa spune Vechiul Testament. El vorbește despre Israel în Vechiul Testament, dar scriitorii Noului Testament folosesc asta pentru a vorbi despre Isus. Pentru că, în cele din urmă, vorbim despre Isus Hristos.

Omenirea îl așteptase pe acest Rege, așteptase pe acest Rege, așteptase pe acest Rege. Israel credea că, atunci când vor părăsi Babilonul, Regele promis va veni să-i elibereze și să restabilească împărăția. Când au mers în Babilon, acesta a fost sfârșitul împăraților. Ei i-au numit pe regi pe tot parcursul liniei de sânge a lui Isus. Au numit regii pe tot parcursul liniei lui David, prin Solomon, și au continuat să meargă. Apoi, când Israel a fost exilat în Babilon, regii au fost uciși cu toții. Uh-oh. Israel iese din Babilon și se gândesc: „cine va fi rege?"

Israelul se întoarce la Ierusalim. Cetatea păcii fusese distrusă, dar apoi citim în Isaia 52 că atunci când se vor întoarce la Ierusalim, un rege se va întoarce. Ei ar cânta. Vești bune! Vești bune! Aveau să vină aceste picioare frumoase, anunțând vești bune. Care este vestea bună? Dumnezeul lui Israel trăiește. Mai este un rege în Israel și se întoarce. Există un rege și este Iahve! Prin urmare, când Israel părăsește Babilonul, ei așteaptă asta și nu se întâmplă. Acum, au revenit la așteptare. Israel și-a revenit orașul, dar au rămas fără rege. Ei știau și credeau că un Împărat va veni și va fi din linia lui Avraam, din Iuda, din tronul lui David. Deci, au așteptat. Aceasta este așteptarea și starea de spirit în care se aflau evreii și credincioșii în Isus din secolul I.

Când deschidem Noul Testament, vedem aceste cuvinte și nu au sens pentru occidentalii din secolul 21, dar trebuie să aibă sens. Chiar primele cuvinte ale lui Matei, prima carte din Noul Testament sunt: „Cartea genealogiei lui Isus Hristos, Fiul lui David, Fiul lui Avraam". iti spun eu; toată Biblia este chiar acolo în acel singur verset. Dacă eşti evreu şi trăieşti în acea zi, Duhul lui Dumnezeu ţi-ar spune că afirmaţia este adevărată. Faci dansul fericit. Eşti de genul: „Glumeşti de mine?" Am citit-o şi ne spunem: „Oh, grozav, trebuie să citesc genealogia".

Cuvântul „genealogie" în greacă este cuvântul „ *geneza* ", iar numele „Isus" înseamnă „Iahve este mântuirea". Stai, ce? Aceasta este „Facerea Domnului este mântuirea, fiul lui David, fiul lui Avraam". Inimile noastre ar trebui să fie pline de bucurie. Vrei să-mi spui că a venit Regele? Ştiţi ce înseamnă cuvântul „Hristos"? „Christos" — Mesia. „ Hamashiach " în ebraică înseamnă „Unsul". Ce i-a făcut Samuel lui David? L-a uns, rege.

Deci, Matei 1:1 spune că acesta este „Iehova este mântuirea, Unsul, fiul lui David, fiul lui Avraam". Acesta este Cel care ar fi o binecuvântare pentru toate neamurile, care ar sta pe un tron şi a cărui împărăţie nu se va sfârşi niciodată. Cum poate un om să stea pe un tron şi domnia lui să nu se termine niciodată? Cum poate un om să aibă o împărăţie şi împărăţia lui nu se termină niciodată? Pentru că la un moment dat, el va muri - oh, dacă nu va cuceri moartea. Cu excepţia cazului în care El este Dumnezeu-omul . Satana nu a văzut-o venind. Pentru că dacă ar fi făcut-o, nu l-ar fi ucis pe Isus. Şi-a pus propriul cui în sicriu când L-a ucis pe Isus.

Vreau să-l vedem pe Isus pentru că va schimba totul. Când înţelegem „Ziua Domnului şi Ziua Domnului", când El va veni şi dreptatea va fi slujită celor răi şi cei asupriţi vor fi îndreptăţiţi – cine va face asta? Iahve. Este „Ziua lui Iahve", iar apoi Iahve apare ca un om.

Ştii ce înseamnă Iahve? „EU SUNT CINE SUNT". El este Elohim al tuturor Elohimilor. „Elohim" înseamnă Dumnezeu sau fiinţă spirituală. El este singura fiinţă spirituală necreată – singura fiinţă spirituală care nu a fost niciodată creată. El spune, cine sunt eu? EU SUNT cel ce EU SUNT. EU SUNT orice ai nevoie. asta sunt eu. Eu sunt Soluția pentru toate problemele tale. Eu sunt Eliberatorul tău. Eu sunt Vindecătorul tău. Eu sunt regele lui Israel. Eu sunt Regele pământului. Eu sunt Cel care călărește pe nori. Eu sunt Bătrânul Zilelor. Eu sunt Cel Etern. Acesta este cine sunt eu — Iahve. Acesta este numele Lui și El este toate acestea și mai mult pentru tine și pentru tine.

Vreau să înțelegem că ei căutau un rege ca David și l-au primit pe Dumnezeu. Tocmai s-a întâmplat să fie descendentul lui Avraam, descendentul lui David, iar numele Lui este Isus – Yeshua. Domnul este mântuirea este numele Lui. Aceasta este geneza, începutul lui Yahweh fiind Mântuitor. El vine de pe tronul lui David. El este un descendent al lui Avraam. Tot Israelul ar înțelege implicațiile acestor cuvinte și unii oameni L-au ucis pe Isus din cauza acestor cuvinte. În Matei 1:18-21, se spune:

„Acum, nașterea lui Isus Hristos a fost după cum urmează: după ce mama Sa Maria s-a logodit cu Iosif, înainte de a se aduna împreună, a fost găsită însărcinată cu Duhul Sfânt. Atunci soțul ei Iosif, fiind un bărbat drept și nevrând să-i facă un exemplu public, a vrut să o alunge pe ascuns. frică să-ți ia pe Maria, soția ta, căci ceea ce este zămislit în ea este din Duhul Sfânt și ea va naște un Fiu, și-I vei pune numele Isus, căci El va mântui pe poporul Său de păcatele lui." Matei 1:18-21.

Cuvântul „naștere" este cuvântul „ genesis " în greacă. „ Geneza Domnului este mântuirea, Unsul". Există o predică întreagă chiar acolo. Îl vei numi „Dumnezeu este mântuire", pentru că El Își va salva poporul de păcatele lor. Cuvântul salva este cuvântul „ sozo ", care înseamnă a salva, vindeca, elibera și vindeca. Pauză. Nu citi peste asta. Pe cine va salva El? oamenii lui. De ce are El să-i salveze? Nu Roma – păcatul. Deci, El a trebuit să se îmbrace în trup pentru a-și salva și răscumpăra poporul Său în trup, suflet și duh, deoarece păcatul duce la moarte (Romani 6:23;

Iacov 1:13-15). El a venit să-și răscumpere poporul și să fie Salvatorul lor.

Despre asta am vorbit pe scurt în ultimul capitol. În Exodul 15, Yahweh devine Salvatorul lor și ei încep să spună că mai este o zi când Iahve va fi Salvatorul. Apoi El apare în trup de pe tronul lui David, și El este aici pentru a face ce? Salvează poporul Său de păcatele lor. Continuă:

> *„ Deci toate acestea s-au făcut pentru ca să se împlinească ceea ce a fost spus de Domnul prin profet, zicând: „Iată, fecioara va fi însărcinată și va naște un Fiu și-I vor pune numele Emanuel", care se traduce prin „Dumnezeu cu noi."" Matei 1:22-23*

Nu l-au văzut venind. Ei nu au văzut că va fi Dumnezeu Însuși cu noi. Nu l-au văzut. Satana nici nu l-a văzut, dar acum o putem vedea! Vreau să-l vezi și tu! În Matei 2:13-17, se spune:

> *„Acum, după ce au plecat, iată, un înger al Domnului i s-a arătat lui Iosif în vis, zicând: „Scoală-te, ia pruncul și mama Lui, fugi în Egipt și rămâi acolo până vă voi aduce de veste; căci Irod va căuta pruncul ca să-L nimicească". Când s-a sculat, a luat noaptea pe Pruncul și pe mama Sa și a plecat în Egipt și a fost acolo până la moartea lui Irod, ca să se împlinească ceea ce s-a spus de Domnul prin profet, zicând: „Din Egipt l-am chemat pe Fiul Meu". Atunci Irod, văzând că era înșelat de înțelepți, s-a mâniat foarte mult și a trimis și a omorât pe toți bărbații care erau în Betleem și în toate ținuturile lui, de la vârsta de doi ani și mai jos, după vremea pe care o hotărâse de la înțelepți. Atunci s-a împlinit cele spuse de Ieremia. Matei 2:13-17*

Acesta este Iosif care îl duce pe Isus în Egipt din cauza intenției lui Irod de a-l ucide pe Regele nou-născut, Mântuitorul și Eliberatorul. În Matei 3:1-3, se spune:

*„În zilele acelea a venit Ioan Botezătorul propovăduind în pustia
Iudeii și zicând: „Pocăiți-vă, căci Împărăția cerurilor este
aproape!". Căci despre acesta este cel despre care a vorbit profetul
Isaia, zicând: „Glasul celui care strigă în pustie: „Pregătiți calea
Domnului; Dă-i cărările drepte."* Matei 3:1-3

Acest lucru este puternic. Dumnezeu își prezentase planul de
mântuire și aici, odată cu sosirea acestui Împărat promis, Ioan
Botezătorul a declarat: „Pregătiți calea venirii Domnului", nu
venirea doar a unui om. El a folosit cuvântul „Domn". Pregătiți-vă
pentru venirea Domnului. El citează din Isaia, iar cuvântul original
este Iahve. Pregătiți-vă pentru venirea lui Dumnezeu. Pocăiți-vă, căci
Împărăția lui Dumnezeu este aproape, iar eu pregătesc calea venirii
lui Dumnezeu. Dumnezeu este pe drumul Lui. Este Ziua Domnu-
lui. Atunci Ioan vede un om și spune: „Iată Mielul lui Dumnezeu,
care ia..." El a venit și a venit să ia păcatul din lume. (Ioan 1:29)

Deci, până la urmă, se pare că Isus nu a venit să ne arunce în
iad. Nu. Moartea a venit să facă asta. Dar El a venit să ia moartea și
să o pună în mormânt pentru totdeauna. Acesta este ceea ce El a
venit să facă: să învingă moartea și să o pună în mormânt. Iar Ioan
Botezătorul declară: Acesta este cel binecuvântat.

Apoi, în versetul 12, Ioan spune: „Furculița Lui de tăiere este
în mâna Lui". Acestea sunt imagini de la Joel. Furculița de tăiere
este în mâna Lui. Va fi o recoltă la sfârșitul timpului, iar Ioan
spune că Dumnezeu are furculița în mână pentru recoltare. Seceri-
șul este aici și El își va curăța temeinic aria și își va aduna grâul în
hambarul Său. El își strângea grâul în hambarul Său și ardea pleava
– chestia care nu aparține grâului, care ne reprezintă. Este păcatul
și răul. L-ar pune prin foc, provocând astfel această separare.

În Matei 3, Isus merge la Ioan Botezătorul și spune: „Eu
trebuie să fiu botezat". John spune: "Nu, nu sunt vrednic să-ți leg

sandalele. Nu te botez. Trebuie să mă botezi. Ştiu că ai un botez minunat - îl vreau chiar acum!" Dar Isus spune: „Nu, trebuie să mă botezi ca să se poată împlini". Deci, Ioan Botezătorul Îl botează. În versetele 16-17, se spune:

> „Când a fost botezat, Iisus s-a suit îndată din apă şi iată, cerurile i s-au deschis, şi Duhul lui Dumnezeu s-a pogorât ca un porumbel şi s-a aşezat peste El. Şi deodată s-a auzit un glas din cer, care zicea: „Acesta este Fiul Meu preaiubit, în care am plăcerea mea." Matei 3:16-17

Dacă înţelegem asta, vom vedea că aceasta se împlineşte, Dumnezeu îl numeşte pe Fiul lui David Fiul Său. Yahweh numeşte „Iahve este mântuirea" Fiul Său. David ar avea pe cineva care să fie pe tronul său şi El ar fi un Împărat care va şedea pe un tron şi împărăţia Lui nu se va sfârşi niciodată – şi El va fi Fiul lui Dumnezeu.

Ioan Botezătorul spune că acesta este cel care va îndepărta păcatele lumii. Acesta este cel binecuvântat despre care vorbeau Scripturile. Atunci cerul declară în afirmare: Acesta este Unul. Duhul lui Dumnezeu mărturiseşte: Acesta este Unul. Cerurile sunt sfâşiate. În Vechiul Testament, cerurile erau sfâşiate în Isaia 64:1, care spune că El îşi va revărsa Duhul. Aici, în Matei 3, vedem împlinirea, iar ungerea cade peste Fiul lui David – Cel Uns.

În următorul capitol din Matei, Isus merge în pustiu, aşa cum a făcut Israel după ce a ieşit din Egipt. Mările s-au despărţit pentru Israel la Marea Roşie şi au mers în pustie. Isus intră în apele botezului, apele sunt despărţite şi apoi El merge în pustiu. Satana vine să-L ispitească, la fel cum Israel a fost încercat în pustie, şi spune: „Dacă Tu eşti Fiul, atunci transformă această stâncă în pâine şi mănâncă". El este aici pentru a se întreba dacă Isus este sau nu Fiul lui Dumnezeu.

Avem acest om – El este Fiul lui David, Fiul lui Avraam – dar iată întorsătura: El este Fiul lui Dumnezeu. Dar cum s-a numit Isus? Isus ştie că El este Fiul lui Dumnezeu, dar El Se numeşte „Fiul Omului". De unde vine acest termen? Cartea lui Daniel. Daniel a fost unul dintre cei mai uimitori profeţi – acest tip a văzut până la capăt. Dumnezeu l-a lăsat pe Daniel să vadă sfârşitul. Cea mai mare parte a revelaţiei lui Ioan este să vadă ceea ce Daniel a ajuns să vadă înaintea lui. Daniel ajunge să vadă acest lucru uimitor.

Viziunea lui Daniel începe în Daniel capitolul 2, unde regele Nebucadneţar are un vis şi vrea ca cineva să-l interpreteze. Daniel este singurul capabil să o facă. Daniel îi spune visul: a fost o piatră tăiată fără mâini omeneşti şi a lovit această statuie. Statuia reprezenta diferite regate. Piatra a lovit picioarele de fier şi de lut şi le-a rupt în bucăţi. Fierul, lutul, bronzul, argintul şi aurul au fost zdrobiţi împreună şi au devenit ca pleava.

Îţi aminteşti ce a spus Ioan Botezătorul? „Va fi o recoltă, iar pleava va fi suflată". Daniel a văzut asta cu sute de ani înainte. El a spus: „Fierul, lutul, bronzul, argintul şi aurul s-au zdrobit împreună şi au devenit ca pleava din aria de vară; vântul le-a dus, astfel încât să nu se găsească nicio urmă din ele". Acestea reprezintă regatele pământului. Regatele pământului se prăbuşesc. Dumnezeu îi zdrobeşte şi nu s-au mai văzut niciodată. Ioan Botezătorul spune că sunt aruncaţi în foc. Atunci Daniel spune că piatra care a lovit chipul a devenit un munte şi a umplut tot pământul. Isus este acea piatră. Ei aşteptau ca o piatră să vină şi să lovească naţiunile, făcând ca naţiunile să cadă, pentru ca Împărăţia Lui să se ridice şi să umple pământul.

Deci, când îl deschidem pe Matei, parcă a venit Regele. Descendentul lui David, care va fi Rege şi al cărui Împărăţie nu se va sfârşi niciodată, a sosit. El este descendentul lui Avraam şi David, dar şi mai mult, El este descendentul lui Yahweh. El este

Fiul lui Dumnezeu și Împărăția Sa va dura pentru totdeauna și va umple pământul. O așteptau. Noi l-am primit. Scriptura spune că toți au așteptat promisiunea, dar noi am primit-o. Mai târziu, în Daniel 7:13, citim:

„Eu priveam în vedeniile de noapte și iată, Unul ca Fiul Omului, venind cu norii cerului!" Daniel 7:13

Ce șef. Unul ca Fiul Omului — El este un om, dar El călărește pe nori! Sper că înțelegem ce se întâmplă, Church. El este un om, dar poate călărește pe nori. Scriptura continuă:

„El a venit la Bătrânul de zile și L-au adus înaintea Lui". Daniel 7:13

Fiul Omului a sărit pe un nor și l-a călărit până la Bătrânul de Zile. Isus le spune ucenicilor Săi: „Mă duc să vă pregătesc un loc" și El petrece patruzeci de zile după înviere spunându-le despre Împărăția lui Dumnezeu. Apoi El pleacă pe un nor către Bătrânul de Zile pentru a-și lua tronul. Daniel continuă:

„Atunci Lui I s-a dat stăpânire, slavă și împărăție, pentru ca toate popoarele, neamurile și limbile să-I slujească. Stăpânirea Lui este stăpânire veșnică, care nu va trece, și împărăția Lui, care nu va fi nimicită". Daniel 7:14

Ei așteptau un rege. Ce rege am primit!

„Eu priveam; și același corn făcea război împotriva sfinților și biruia împotriva lor, până când a venit Bătrânul de zile și s-a făcut o judecată în favoarea sfinților Celui Prea Înalt și a venit vremea ca sfinții să stăpânească împărăția." Daniel 7:21-22

Cine sunt sfinții? Credincioșii — cei pe care Fiul Omului ia făcut sfinți prin sângele Său. cornul? Aceasta este imaginea unei națiuni care vine împotriva sfinților. Ei aşteptau un Regat. Aceasta este totalitatea Scripturilor. Satana devenise într-un fel un rege peste poporul lui Dumnezeu, dar Dumnezeu avea să trimită un nou Împărat de la Avraam, care să facă posibil ca sfinții Săi, sfinții Săi, să intre în Împărăția Sa pentru totdeauna. Aceasta este speranta lor. Atunci Isus apare ca acea speranță.

Isus spune în Marcu 14:61, în timp ce El este interogat înainte de a-L ucide, preoții evrei Îl întreabă pe Dumnezeu, întrebându-se cine este El pentru că le-a fost dor de El. Pentru că religiei îi lipseşte de fiecare dată. Marele preot Îl întreabă: „Tu eşti Unsul? Tu eşti Mesia, Fiul Fericitului?" Ei nu au rostit numele lui Yahve – L-au numit „Binecuvântat". Isus răspunde: „EU SUNT". Este ca atunci când Moise a întrebat: „Cine să spun că m-a trimis?" iar Dumnezeu a zis: „Spune-le că EU SUNT trimis pe tine".

Marele preot a întrebat: „Tu eşti Fiul Fericitului?" Isus răspunde: „EU SUNT". Dacă cauți pe cineva care să răscumpere Israelul, nu mai căuta. EU SUNT a sosit. El continuă: „Eu sunt. Şi veți vedea pe Fiul Omului şezând la dreapta Puterii şi venind cu norii cerului" (Marcu 14:62 NKJV). „Când Mă vei vedea din nou, vei spune: „Binecuvântat", pentru că voi călare pe nori. Dacă ți-e dor de Mine acum, mă vei prinde atunci. Nu veți avea nicio îndoială dacă sunt Eu — voi călare pe nori către Bătrânul de Zile, făcând o cale pentru ca sfinții să vină în Împărăția lui Dumnezeu pentru totdeauna.

El va face națiunile să se înfurie împotriva sfinților. Dar El spune că Bătrânul de Zile va veni şi va face o judecată în favoarea sfinților şi ei vor veni în Împărăție. Deci, multumeste! El ne-a eliberat de puterea împărăției întunericului și ne-a adus în Împărăția Fiului Său al iubirii Sale. Acesta este Isus care Îşi va salva poporul de păcatele lor. Cine sunt poporul Său? Sfinții – cei care cred în El şi primesc răscumpărarea prin sângele Său.

Vreau să-l vedem pe Isus. Să nu ne fie dor de El. Lăsați Evanghelia deplină și adevărul acestor cuvinte să vă pătrundă în inima. Viața ta va fi ca nicio viață obișnuită. Semnele, minunile și miracolele vor fi normale. Ei îi urmează pe cei care cred. După cum a spus Ioan Botezătorul, să vedem, să-L iubim pe Domnul și să vedem cine este El în toată plinătatea Sa, conform Scripturilor.

Acum, voi trece prin cincizeci de titluri date Fiului Omului — toate pentru că El este tot ce aveți nevoie.

- El este Atotputernicul (Apocalipsa 1:8).
- El este toată autoritatea (Matei 28:18).
- El este chipul Dumnezeului invizibil (Coloseni 1:15).
- El este Alfa și Omega (Apocalipsa 1:8).
- El este Cel dintâi și Cel de pe urmă (Apocalipsa 22:13).
- El este avocatul nostru cu Tatăl (1 Ioan 2:1).
- El este Pâinea Vieții (Ioan 6:35).
- El este izvorul nostru de viață (Ioan 6:35).
- El este Preaiubitul (Matei 3:17).
- El este Mirele (Matei 9:15).
- El este piatra de temelie (Psalmul 118:22).
- El este Eliberatorul de mânia viitoare (1 Tes 1:10).
- El este Credincios și Adevărat (Apocalipsa 19:11).
- El este Păstorul cel Bun (Ioan 10:11).
- El este Marele Preot (Evrei 3:14).
- El este Capul Bisericii (Efeseni 1:22).
- El este Sfântul Slujitor (Fapte 4:29).
- El este EU SUNT (Ioan 8:58).
- El este Darul (2 Corinteni 9:15).
- El este Judecătorul (Fapte 10:41).
- El este Regele Regilor (Apocalipsa 17:14).
- El este Mielul lui Dumnezeu (Ioan 1:29).
- El este Lumina Lumii (Ioan 8:12).
- El este Leul tribului lui Iuda (Apocalipsa 5:5).
- El este Domnul tuturor (Filipeni 2:9-11).

- El este Mijlocitorul nostru (1 Timotei 2:5).
- El este Mesia (Ioan 1:41).
- El este Puternicul lui Iacov (Isaia 60:16).
- El este Cel care ne eliberează (Ioan 8:36).
- El este nădejdea noastră (1 Timotei 1:1).
- El este pacea noastră (Efeseni 2:14).
- El este profetul nostru (Marcu 6:4).
- El este Răscumpărătorul nostru (Iov 19:25).
- El este Domnul Înviat (1 Corinteni 15:3-4).
- El este Stânca noastră (1 Corinteni 10:4).
- El este Jertfa ispăşitoare (1 Ioan 4:10).
- El este Mântuitorul nostru (Luca 2:11).
- El este Fiul Omului (Luca 19:10).
- El este Fiul Celui Prea Înalt (Luca 1:32).
- El este Creatorul Suprem (Coloseni 1:16-17).
- El este Învierea şi Viaţa (Ioan 11:25).
- El este Uşa (Ioan 10:9).
- El este Calea, Adevărul şi Viaţa (Ioan 14:6).
- El este Cuvântul (Ioan 1:1).
- El este Viţa (Ioan 15:1).
- El este Adevărul (Ioan 8:32).
- El este Învingătorul (Apocalipsa 3:21).
- El este Minunatul Sfetnic (Isaia 9:6).
- El este Tatăl Veşnic (Isaia 9:6).
- El este Prinţul păcii (Isaia 9:6).

Coloseni 1:12-20 spune: „Multumind Tatălui, care ne-a învrednicit să fim părtaşi la moştenirea sfinţilor în lumină. El ne-a izbăvit de puterea întunericului şi ne-a dus în împărăţia Fiului iubirii Lui, în care avem mântuirea păcatului prin sângele Lui nevăzut, prin chipul lui Dumnezeu, pentru mântuirea lui Dumnezeu. Cel întâi născut peste toată creaţia, căci prin El au fost create toate lucrurile care sunt în ceruri şi care sunt pe pământ, fie tronuri, fie stăpâniri, fie puteri, toate lucrurile au fost create prin El şi pentru El, şi toate lucrurile stau în El este capul trupului, care este cel dintâi a plăcut Tatălui ca în El să locuiască toată plinătatea şi prin El să împace toate cu Sine, fie cele de pe pământ, fie cele din ceruri, făcând pace prin sângele crucii Lui."

El este EU SUNT. El este Fiul Omului. Acesta este Isus Hristos, Fiul lui David, Fiul lui Avraam. Există un Împărat în ceruri care a adus o Împărăţie şi El te invită să faci parte din Împărăţia Cerurilor. Acest Rege vrea să fie tot ceea ce ai nevoie.

Ţi-e sete? El este izvorul. Ţi-e foame? El este Pâinea Vieţii. Ai nevoie de vindecare? El este Vindecătorul. Ai nevoie de răscumpărare? El este Mântuitorul. Numele Lui este Isus, Fiul Omului, Fiul lui Dumnezeu, Mântuitorul nostru. Primeşte-l pe Isus Hristos ca EU SUNT al vieţii tale.

Întrebări de discuție

1. Cum vă influențează vizionarea întregii Biblii prin prisma Împărăției lui Dumnezeu înțelegerea voastră a Scripturii și mersul zilnic de credință? În ce moduri practice poate biserica de azi să-și realineze focalizarea pentru a sublinia Împărăția lui Dumnezeu și a experimenta semnele și minunile despre care mărturisesc scripturile?

2. Cum vă sporesc aprecierea despre misiunea și identitatea lui Isus profețiile Vechiului Testament despre un rege care vine? Ce impact are recunoașterea lui Isus ca descendent al lui David și Fiul lui Dumnezeu asupra călătoriei tale personale de credință?

3. Ce înseamnă pentru tine că planul lui Dumnezeu implică aducerea raiului pe pământ mai degrabă decât doar aducerea oamenilor în cer? Cum poate această înțelegere să modeleze modul în care vă trăiți credința și împărtășiți Evanghelia altora?

4

CALEA ÎMPĂRĂȚIEI

C ând a apărut Regele, El a avut un mod de a face afaceri; Eu numesc aceasta calea Împărăției. Vom înțelege de ce Isus a făcut ceea ce a făcut, de ce a spus că ar trebui să facem și noi la fel și cum putem face asta. Să ne uităm la începutul lucrării lui Isus și la primele cuvinte pe care le găsim pe Isus predicând.

„De atunci Isus a început să propovăduiască și să spună: „Pocăiți-vă, căci Împărăția cerurilor s-a apropiat." Matei 4:17

Mesajul pe care El l-a avut a fost: există o Împărăție. Cerul are o Împărăție și vine pe pământ – este la îndemână, este aici. Ioan Botezătorul a spus aceleași cuvinte: pocăiți-vă, depărtați-vă de împărăția întunericului și de stăpânirea răului și pregătiți-vă, căci Împărăția luminii este aproape. Apoi Ioan îl vede pe Isus și spune: "Mielul lui Dumnezeu care va mântui lumea de păcatele lor. Cel care ne va mântui din împărăția întunericului este aici! L-am văzut pe Duhul lui Dumnezeu coborând peste El ca un porumbel." Isus este botezat, cerurile se deschid și El este uns cu putere ca Rege pentru a aduce Împărăția. Într-un fel, Împărăția nu mai este la îndemână, ci este aici în persoana lui Isus Hristos. Regatul a venit în persoana Regelui.

Oamenii vor spune că totul este în viitor. Ei bine, regele a apărut deja și a făcut cavaler pe câțiva oameni și apoi a spus: „Mă întorc". Când El a venit, a fost ca și inaugurarea Împărăției, iar acum urmează o desăvârșire. Sunt încântat de desăvârșirea Regatului. Dar să nu uităm – a fost deja inaugurat și a fost inaugurat de Isus Hristos. Ne aflăm între inaugurare și desăvârșire — este deja o Împărăție. Isus este aici spunând: „Împărăția a sosit". Stăpânirea și domnia lui Dumnezeu pe pământ au început în persoana lui Isus Hristos. Apoi le cere unor pescari să-L urmeze, să fie ucenicii Săi, să fie elevi ai Lui. El îi va echipa și îi va pregăti pentru lucrarea Împărăției.

„Și Isus a străbătut toată Galileea, învățând în sinagogile lor,
propovăduind Evanghelia Împărăției". Matei 4:23

Ce ne- a învățat Isus ? Ce Evanghelie a avut Isus? O Evanghelie a Împărăției – nu numai o Evanghelie a mântuirii. Aceasta este o parte a Evangheliei Împărăției. Nu spun că nu este Evanghelia; este doar o parte din ea. Pavel a vorbit despre întreaga Evanghelie. Mă întreb de ce a trebuit, în timpul vieții sale, să folosească termenul „evanghelie deplină" – pentru că oamenii începuseră deja să se sprijine pe evanghelia parțială. Uită-te la ce a spus Pavel în Romani:

„În semne puternice și minuni, prin puterea Duhului lui
Dumnezeu... Am propovăduit pe deplin Evanghelia lui Hristos".
Romani 15:19

Acest lucru dezvăluie clar că fără puterea Duhului lui Dumnezeu, vom predica doar parțial Evanghelia, care este o nedreptate față de Domnul Isus Hristos. Evanghelia poate fi mărturisită cu degetul lui Dumnezeu, puterea lui Dumnezeu. Deci declarăm că Împărăția a venit și apoi putem arăta că a venit printr-o demonstrație a Duhului și a puterii. Hristos a făcut, și noi suntem, făcând acest spațiu ca spațiul Raiului, eliminând lucrurile care nu aparțin spațiului lui Dumnezeu.

„Și vindecând tot felul de boli și tot felul de boli printre oameni.
Atunci faima Lui s-a răspândit în toată Siria; și i-au adus pe toți
oamenii bolnavi, care erau năpădiți de diverse boli și chinuri, și pe
cei stăpâniți de demoni, epileptici și paralizați; și El i-a vindecat.
Mulțimi mari L-au urmat." Matei 4:23-25

Mărturia Împărăției mărturisită cu putere a făcut ca faima lui Isus să se răspândească în toată regiunea, astfel încât ei i-au adus la El pe toți oamenii bolnavi afectați de diferite boli și chinuri și pe cei stăpâniți de demoni, epileptici sau paralitici, iar El i-a vindecat. De ce? Pentru că niciunul dintre acele lucruri nu se află în Împărăția Tatălui Său. Apoi El intră în Predica de pe Munte. Acum are ucenici. El urcă pe un munte sau un deal, ucenicii Săi Îl urmează și unele mase de oameni de asemenea. Și El le dă ceea ce aș numi etica Împărăției. Așa este cultura Regatului.

Există o cale a Regatului – are putere și etică. Ambii fac parte din asta. Avem nevoie de etică, avem nevoie de caracterul Împărăției și avem nevoie și de putere. Lumea noastră interioară ar trebui să se potrivească cu lumea exterioară a Regatului. Dacă nu o fac, fiți atenți la eșecuri – când cineva se mișcă într-o ungere mai mare decât caracterul ei, de obicei va exista eșec.

Etica nu este punctul central al acestui capitol – ne vom aprofunda în acest capitol în capitolul următor. Vreau să mă concentrez pe calea Împărăției. Matei capitolele 5 până la 7 sunt toate despre etică. În capitolul 8, Isus se întoarce și se întoarce în modelarea căii Împărăției. Acesta este El umblând, doar făcând viață. Isus este doar un Uns, merge din oraș în oraș, este doar un copil al lui Dumnezeu, așa cum tu și cu mine am fost creați să fim. Cum arată când Isus merge la plimbare? Oamenii sunt mântuiți, vindecați și eliberați. Așa arată. El merge doar într-o plimbare zilnică, iar oamenii sunt mântuiți, vindecați și eliberați. Ghici cum ar trebui să arate când te plimbi? Oamenii ar trebui să fie mântuiți, vindecați și eliberați. Gândește-te la asta. Scriptura spune:

„Când s-a coborât El de pe munte, l-au urmat o mulțime mare de oameni. Și iată, un lepros a venit și s-a închinat Lui, zicând: „Doamne, dacă vrei, poți să mă cureți". Atunci Isus și-a întins mâna și L-a atins, zicând: „Vreau să fiu curățit". Imediat i s-a curățat lepra." Matei 8:1-3

Cum arată Împărăția? Lepra dispare — așa arată. Dar stai, mai sunt:

„Când a intrat Isus în Capernaum, un sutaș a venit la El, rugându-L și zicând: „Doamne, robul meu zace acasă paralizat, chinuit îngrozitor". Iar Iisus i-a zis: „Voi veni să-l vindec". Sutașul a răspuns: „Doamne, nu sunt vrednic să intri sub acoperișul meu, dar slujba mea va fi vindecată. Când Iisus a auzit, s-a mirat și a zis celor care l-au urmat: „Adevărat vă spun că n-am găsit o credință atât de mare, nici măcar în Israel, și vă spun că mulți vor veni de la răsărit și de la apus și se vor așeza cu Avraam, Isaac și Iacov în împărăția cerurilor, dar fiii împărăției vor fi aruncați afară." Atunci Iisus i-a zis sutașului: „Du-te și, așa cum ai crezut, să se facă pentru tine". Și slujitorul său a fost vindecat în aceeași oră." Matei 8:5-13

Aceasta le vorbește celor care nu intră prin credință, ci prin faptele legii — vor fi izgoniți, iar cei la care nu se așteptau să intre, ca și neamurile, vor intra direct prin credință. Imediat , vedem lepra dispărând și o persoană aflată la distanță mare este vindecată – două vindecări. Apoi, la soacra lui Petru, îi este bolnavă de febră. Isus îi atinge mâna, iar febra o părăsește. Ea se ridică și le servește — *Bang* — trei vindecări și nu suntem nici măcar la jumătatea capitolului.

Apoi, în seara aceea, i-au adus la El pe cei stăpâniți de demoni și El a scos duhurile cu un cuvânt. El i-a vindecat pe toți cei bolnavi, pentru ca să se împlinească ceea ce s-a spus prin profetul Isaia: „El Însuși a luat neputințele noastre și a purtat bolile noastre". Pur și simplu nu pare să se termine niciodată în evanghelii și așa va arăta în fiecare zi. Continuă cu credincioșii în cartea Faptele Apostolilor după ce Isus se înalță înapoi la Cer. Există un caracter în Împărăție, felul în care ne tratăm unii pe alții și felul în care ne raportăm la Dumnezeu. Dar apoi, există și o cale a Împărăției, care este atunci când purtăm ceea ce lumea are nevoie.

Întrebarea mea este: de ce slujirea lui Isus a arătat în acest fel? Trebuie să înțelegem de ce lucrarea lui Isus a arătat în acest fel, astfel încât să putem învăța de la El și să o modelăm în viața noastră . De ce a existat vindecarea bolnavilor și alungarea demonilor aparent de fiecare dată când El a plecat la plimbare sau chiar când El a încercat să scape? Poate că Isus ar fi avut nevoie de o retragere, dar oamenii s-au înghesuit la El. Și în loc să-și satisfacă propriile nevoi, El le hrănește și își continuă lucrarea. De ce continuă El să facă asta? De ce continuă să facă minuni, semne și minuni?

Cum de atât de mulți oameni sunt de o parte și spun: „O, este vorba doar despre mântuire și așteptarea să meargă în Rai. Atunci se vor întâmpla lucrurile bune"? Partea aceea ar spune că Isus făcea miracole numai pentru că El era Dumnezeu, dovedind că El este Dumnezeu. Prin urmare, credincioșii nu au nicio responsabilitate să le facă pentru că, ei bine, noi nu suntem Dumnezeu, nu?

Dar asta nu explică de ce Isus a spus că ar trebui să facem aceleași lucruri. El a spus: „Tot ce am făcut și te-am învățat, asta vei face și vei învăța pe alții". Deci, acest lucru devine ciudat - ar trebui să facem chestia asta sau nu? A spune că nu suntem, pentru că ar fi noi să ne comportăm ca Dumnezeu, înseamnă să ignorăm porunca lui Isus. Și a nu face asta înseamnă a ne supune ceea ce ne-a poruncit Isus să facem. Deci, mulți dintre noi stau și așteptăm, nesiguri dacă avem dreptate sau greșit.

Aceasta este o mentalitate periculoasă și de aceea va fi o zi tulburătoare pentru mulți credincioși. Asta e ceea ce arde în interiorul meu - pentru că nu trebuie să fie. Acest lucru este simplu. Nu este complicat. Acest lucru este cu adevărat, foarte simplu . Dar atât de mulți profesori de încredere au predat lucruri care sunt atât de contrare Scripturii, dar au fost de încredere. Deci, oamenii spun: „Ei bine, pastorul meu mi-a spus..." Și apoi spun: „Dar ce spune Biblia?" Pastorul tău ar putea fi un tip drăguț, dar cineva l-a mințit, care a fost mințit de altcineva, iar în spatele tuturor se află Satana – sunt doctrinele demonilor.

Când citești despre doctrinele demonilor din 1 Timotei și 2 Timotei, și apoi te uiți la tabăra creștinilor care spun că minunile nu sunt pentru astăzi, este de genul: „Doamne! Literal spune că ei cercetează Scripturile, dar neagă puterea care i-ar putea salva, având o formă de evlavie dar negând puterea ei. Și care este principalul lucru pe care ei îl neagă? Puterea. Ei spun: „Puterea nu este necesară astăzi, pentru că doar apostolii le trebuiau să demonstreze că sunt apostoli și că cuvintele lor erau Scripturile".

Acest sistem de credințe nu poate înțelege cu adevărat niciuna dintre Scripturi. Este ca un orb care conduce orb. Nu există nimic în Noul Testament pe care să îl poți înțelege cu această mentalitate. Nu îl vei înțelege pe Isus. Nu vei înțelege Împărăția Lui. Nu te vei înțelege pe tine sau pe Biserica. Nu vei înțelege ce s-a promis. Ei folosesc Scripturile pentru a nega ceea ce promit Scripturile. Nu are niciun sens.

Vreau să uiți ce a spus oricine altcineva și să citești Biblia pentru tine, ca de 30 de ori, iar la sfârșitul ei, spune-mi dacă poți să crezi ce îți spun cecetarii . Sunt prea multe Scripturi pe care trebuie să le arunci ca să crezi asta. Nu face asta – mai ales poruncile lui Isus. Unii vor avea mari probleme când vor sta în fața lui Isus. Acesta este unul dintre motivele pentru care vreau să ne văd cu adevărat întemeiați în Vechiul Testament și Noul Testament ca o singură poveste despre Împărăția lui Dumnezeu. Totul este aceeași poveste. Poate de aceea nu înțeleg Noul Testament — pentru că nu înțeleg Vechiul Testament, Ziua Domnului, Împărăția lui Dumnezeu, Unsul.

Să ne uităm la Isaia capitolul 60. Aceasta este o piatră de temelie pentru înțelegerea Împărăției lui Dumnezeu. Există multe alte Scripturi prin care am putea parcurge, dar aceasta este una de reținut:

„Scoală-te, strălucește, căci lumina ta a venit! Și slava Domnului a răsărit peste tine. Căci iată, întunericul va acoperi pământul și întunericul adânc pe oameni; dar Domnul se va ridica peste tine și slava Lui se va vedea peste tine. Neamurile vor veni la lumina ta și împărații la strălucirea răsăritului tău." Isaia 60:1-3

Vorbește despre Isus. Să continuăm în versetul 16. Deschide-ți Biblia și citește totul singur – totul este atât de bine. Versetele de la 11 la 12 sunt minunate. A doua jumătate a capitolului vorbește despre favoare, bogății și tot ce va veni cu Împărăția:

„Veți ști că Eu, Domnul, sunt Mântuitorul vostru și Răscumpărătorul vostru, Cel Puternic al lui Iacov." Isaia 60:16

Care este numele lui Isus? "Salvator." El spune: „Veți ști că Domnul", cuvântul care este Domnul, „veți ști că Domnul este Mântuitorul vostru". Apoi apare Isus și numele Lui este Yeshua, ceea ce înseamnă că Iahve este Mântuirea. Mă întreb despre cine vorbește asta – Răscumpărătorul tău, Puternicul lui Iacov. Este Isus! Versetul 18 oferă o mică imagine acolo în a doua jumătate a acestuia:

"Voi face de asemenea pace pe ofiţerii tăi şi neprihănirea magistraţilor tăi . Nu se va mai auzi violenţă în ţara ta, nici risipă, nici distrugere în hotarele tale; ci vei numi zidurile tale Mântuire şi porţile tale Laudă." Isaia 60:17-18

Acest lucru este foarte important: „Zidurile voastre se vor numi Mântuire". Aceasta ne îndreaptă către un alt verset înrudit:

„Soarele nu va mai fi lumina ta în timpul zilei, nici luna nu îţi va mai lumina; ci Domnul va fi pentru tine o lumină veşnică şi Dumnezeul tău slava ta. Soarele tău nu va mai apus, nici luna ta nu se va mai retrage; căci Domnul va fi lumina ta veşnică şi zilele jeliului tău se vor sfârşi . lucrarea mâinilor Mele, ca să fiu proslăvit." Isaia 60:19-21

Domnul spune: "Voi să le plantez. Vor fi lucrarea mâinilor Mele. Vor aduce roade şi îmi va da slavă."

Apoi ajungem la Isaia 61, care este cheia înţelegerii Noului Testament. Dacă nu studiem acest lucru şi nu înţelegem Noul Testament bazat pe această persoană din Isaia 61, nu-l vom înţelege pe Isus. Cu sute şi sute de ani înainte de Isus, Scripturile vorbeau despre El iar şi iar şi iar. Nu-L rataţi.

Dacă nu vedem ce spun Scripturile, Scripturile Vechiului Testament despre Isus, vom rata. Amintiţi-vă, primii credincioşi din secolul I aveau Vechiul Testament doar înainte ca Noul Testament să fie scris. Când citim Noul Testament, Biserica primară avea doar Vechiul Testament şi au început să primească scrisori de la apostoli. Dar încă nu a fost considerat, într-un fel, un Nou Testament. Puteţi găsi toate mărturiile din Noul Testament despre Isus în Vechiul Testament. Isaia 61 este un prim exemplu:

„Duhul Domnului Dumnezeu este peste Mine, pentru că Domnul M-a uns să propovăduiesc veşti bune celor săraci; M-a trimis să

vindec pe cei zdrobiți de inimă, să vestesc libertatea prizonierilor, și deschiderea închisorii celor care sunt legați; să vestesc anul binevoitor al Domnului și ziua răzbunării Dumnezeului nostru; ca să-i mângâi pe cei ce plâng, să-i mângâie pe cei ce plâng și să-i mângâie pe cei ce plâng pentru Sion. cenușă, untdelemn de bucurie pentru jale, haină de laudă pentru duhul greutății, ca să fie numiti pomi ai dreptății, sădirea Domnului, ca să fie proslăvit". Isaia
61:1-3

O vezi din nou — El va planta ceva și vei fi tu. Veți fi stejari ai dreptății și veți aduce slavă Domnului. Vom vedea asta și în Noul Testament.

„Și vor reconstrui ruinele vechi, vor ridica pustiirile dinainte, și vor repara cetățile ruinate, pustiirea multor generații. Străinii vor sta și vor păște turmele voastre, iar fiii străinilor vă vor fi plugari și viticoi. Dar voi veți fi numiți preoți ai Domnului, vă vor numi slujitori ai Dumnezeului nostru, și vă veți glorifica în bogățiile Dumnezeului nostru . În loc de rușinea ta, vei avea o cinste dublă, și în loc de confuzie, ei se vor bucura de partea lor . Isaia 61:4-7

Este pur și simplu uimitor. Totul este frumos — bucurie veșnică, marea bucurie a Domnului. Citirea prin prisma unui rege și a unui regat este ceea ce o face atât de frumoasă. Altfel, este de genul: „Despre ce vorbesc ei? Ce se întâmplă?'. Când Îl înțelegem pe Isus și apoi citim Vechiul Testament, este ca: „El este peste tot! Toată chestia asta este despre Isus!

Să vedem capitolul 4 din Luca. Acesta este relatarea lui Luca care este în paralel cu relatarea lui Matei despre modul în care Isus și-a început lucrarea. Ne oferă ceva ce Matei a lăsat deoparte și care s-a întâmplat între Matei capitolele 3 și 4, dar Luca îl consemnează. Acesta este scopul lui Luca – când citești începutul lui Luca, el spune: „Hei, Teofil, mulți oameni s-au aventurat să dea socoteală despre Isus. Vreau să vă ofer o colecție completă a ceea ce am auzit de la diferiții apostoli".

" Așa că a venit la Nazaret, unde fusese crescut. Și, după obiceiul Lui, a intrat în sinagogă în ziua Sabatului și s-a sculat să citească. Și i s-a înmânat cartea profetului Isaia. Și, după ce a deschis cartea, a găsit locul unde era scris: „Duhul Domnului este peste Mine, pentru că El M-a uns să-Mi propovăduiesc Evanghelia; cu inima zdrobită, pentru a vesti robilor libertatea și orbilor redarea vederii, pentru a-i elibera pe cei asupriți, pentru a vesti anul binevoitor al Domnului. Apoi a închis cartea, a dat-o înapoi servitorului și s-a așezat și ochii tuturor celor care erau în sinagogă au fost ațintiți asupra lui și a început să le spună: „Astăzi s-a împlinit Scriptura în auzul vostru". Deci, toți au mărturisit despre El și s-au minunat de cuvintele pline de har care ieșeau din gura Lui." Luca 4:16-22

Această poveste se termină cu ei care doresc să-L omoare. De ce? Pentru că El tocmai a spus că El este Cel Uns. El este „ hamashiach ", cuvântul pentru Hristos. El este Hristosul, Mântuitorul, Mesia. El este Eliberatorul lui Israel. Asta tocmai a susținut El, iar ei au zis: „Nu, nu ești! Tu ești de aici – o cunoaștem pe mama ta și pe frații tăi!" Și așa, ei încearcă să-L omoare. Dar nu merge. Isus a murit când a vrut să moară, nu înainte.

Isus a crezut că El era Unsul și Isaia 60 spune că, când Unsul va veni, El va face ceva. Isaia spune: „Soarele nu va mai fi, mântuirea va fi zidurile voastre". Dacă am citit sfârșitul cărții, acesta este Apocalipsa 21.

„Acum am văzut un cer nou și un pământ nou, căci primul cer și primul pământ trecuseră. De asemenea, nu mai era mare. Atunci eu, Ioan, am văzut cetatea sfântă, Noul Ierusalim, coborându-se din cer de la Dumnezeu, pregătită ca o mireasă împodobită pentru bărbatul ei. Și am auzit un glas tare din ceruri, spunând: „Iată că va fi cu oamenii lui Dumnezeu cu cortul lui Dumnezeu, și ei vor fi

poporul Său, Dumnezeu Însuși va fi cu ei și va fi Dumnezeul lor."
Apocalipsa 21:1-3

Ei bine, cine este Isus? — Emmanuel, Dumnezeu cu noi. Ioan spune: „L-am văzut pe Dumnezeu cu ei". Dumnezeu va șterge orice lacrimă din ochii lor; nu va mai fi moarte, nici întristare, nici plâns. Nu va mai fi durere, pentru că lucrurile dintâi au trecut. Apoi, în versetul 22:

"Dar n-am văzut nici un templu în ea, căci Domnul Dumnezeul Atotputernicului și Mielul sunt templul lui. Cetatea nu are nevoie de soare sau de lună să strălucească în ea, căci slava Domnului o luminează. Mielul este lumina ei." Apocalipsa 21:22-23

Ioan spune că vede ziduri coborâte când vede Noul Ierusalim coborând, iar Isaia a spus: „Vei numi zidurile tale Mântuire, iar porțile tale Laudă. Nu ai nevoie de soare sau de lună". El vorbea despre Împărăția lui Dumnezeu. El vorbește despre plinătatea Împărăției lui Dumnezeu – nu mai durere, nu mai suferință. Nici unul. Toate acestea au dispărut pentru totdeauna.

Așa că Isus face asta. Acesta este ceea ce trebuie să înțelegem: motivul pentru care Isus a mers să vindece pe bolnavi este pentru că nu există boală în Împărăție. Apocalipsa 21 este plinătatea Împărăției și nu există oameni bolnavi acolo. Nici unul. Zero oameni bolnavi în plinătatea Împărăției. De ce? Pentru că în Apocalipsa 20, la Tronul Alb al Judecății, Satana a fost aruncat împreună cu toți lucrătorii săi în iazul de foc pentru totdeauna. Deci, cine provoacă boală pe pământ? Satana.

„ Cum L-a uns Dumnezeu pe Isus din Nazaret cu Duh Sfânt și cu putere, care umbla făcând bine și tămăduind pe toți cei asupriți de diavol, căci Dumnezeu era cu El." Fapte 10:38

Așa că atunci când înțelegem boala – COVID, oricare ar fi ea

– este diavolul. Când cedem de boală, suntem atacați de diavol. Când diavolul pleacă, boala pleacă. Toate formele lui. Deci, cum poate o biserică să nu facă eliberare? Cum se face că Biserica este la fel de bolnavă ca lumea? Omitem doar una dintre cele mai mari slujbe pe care le-a făcut Isus – El a mers să vindece pe cei bolnavi și să scoată demoni.

Desigur, știm că nu toate bolile sunt un demon. Dacă sunt lovit de o mașină și îmi rup piciorul și am nevoie de vindecare, nu era un demon. Mi-am rupt piciorul dintr-un accident de mașină și am nevoie de vindecare. Am nevoie de ceea ce se va întâmpla în mod natural să se întâmple, nu? Fiind copil al lui Dumnezeu, piciorul meu s-ar vindeca – poate nu imediat, dar s-ar vindeca. S-ar întâmpla în mod natural. Isus spune doar: „Să se facă acum. Să vină viitorul acum." Asta face El — El aduce aici ceea ce este în plinătatea Împărăției acum.

Când Isus înviează morții, este pentru că nu există oameni morți în Apocalipsa 21 – învierea a avut loc. Chiar și moartea, Hades și marea își dau morții în Apocalipsa 20. Și ei sunt judecați. Fiecare este judecat după faptele lui. Vei fi judecat după lucrările tale. Nu ești mântuit prin faptele tale, dar ești judecat de ele. Deci, este vorba despre credință – așa intrăm în Împărăție. Noi nu intrăm în Împărăție prin fapte. Lucrările noastre nu ne vor duce niciodată în Împărăție. Doar credința te duce în Împărăție.

La sfârșitul vieții tale, vei fi judecat după munca ta. Odată ce ai intrat în Împărăție, El ne dă de lucru și vom fi judecați după aceasta. Deci, acest grup care nu crede în puterea Duhului Sfânt este pentru astăzi spune: „Să ne așezăm și să așteptăm". Nu o face – vei fi judecat după lucrările tale. Vor intra în Regat. Scriptura spune că mulți dintre ei vor intra, dar vor intra goi.

"Căci noi suntem colaboratorii lui Dumnezeu; voi sunteți ogorul lui Dumnezeu, voi sunteți zidirea lui Dumnezeu. După harul lui

Dumnezeu care mi-a fost dat, eu am pus temelia ca un înțelept
ziditor, iar altul zidește pe ea. Dar să aibă grijă fiecare cum zidește
pe el. Căci nimeni nu poate pune altă temelie decât aceea care a fost
pusă Isus Hristos." 1 Corinteni 3:9-11

Pavel spune: „Nu schimba temelia care a fost pusă". Vă promit
că acel grup care neagă puterea Duhului Sfânt pentru astăzi o
schimbă. Ei spun: „Oh, asta a murit". Nu-i urmați, pentru că dacă
cineva încearcă să schimbe temelia, Pavel spune în Galateni 1:
„Dacă schimbă cineva Evanghelia pe care v-am dat-o, să fie
blestemat". Deci, vă rog să nu le urmați. El spune: „Oricine îl
schimbă să fie blestemat". Și totuși ei spun: „Ei bine, s-a schimbat
– asta a fost doar pentru Paul". Eu zic: „Ești blestemat!" Poți fie să
te pocăiești, fie să pleci, pentru că aceasta nu este Evanghelia – este
erezie și este aluat și afectează trupul lui Hristos.

Cum se face că în Africa, America de Sud, China și peste tot
în lume, Biserica explodează? Cum de aseară, probabil că o mie de
oameni au fost salvați și aproximativ 600 cu o seară înainte? Știi
cum o fac în întreaga lume? Prin Evanghelia Împărăției și Numele
lui Isus, prin puterea lui Dumnezeu. Așa fac ei.

Aici, în Vest, ne spunem: „Am fost salvati doi anul acesta! A
fost minunat." Și pentru că ne-am convins după lungi certuri. Dar
nu trebuie să trăim așa, Biserică – avem nevoie de puterea lui
Dumnezeu! Pavel spune în 1 Corinteni 2: „Nu am venit la voi cu
cuvinte înalte, ci am venit la voi cu demonstrarea Duhului și a
puterii." Totuși, celălalt grup merge și spune: „A fost doar pentru
atunci". Nu! Asta nu a fost doar pentru atunci!

„Căci făgăduința este pentru tine și pentru copiii tăi și pentru toți
cei care sunt departe, pe câți va chema la Sine Domnul Dumnezeul
nostru." Faptele Apostolilor 2:39

În plus, 1 Corinteni 3:11-13 spune:

„Căci nimeni nu poate pune altă temelie decât cea pusă, care este
Isus Hristos. Acum, dacă cineva zidește pe această temelie cu aur,
argint, pietre scumpe, lemn, fân, paie, lucrarea fiecăruia va deveni
limpede; căci Ziua o va vesti, pentru că va fi descoperită prin foc; și
focul va pune la încercare lucrarea fiecăruia, dacă cineva a zidit-o,
lucrarea pe care o va suporta. răsplată, dacă lucrarea cuiva va fi
arsă, el va fi mântuit, dar el va fi mântuit. 1 Corinteni 3:11-15

Despre ce vorbește Paul? Ziua Domnului. Deci, a nega
puterea lui Dumnezeu astăzi înseamnă a zidi cu paie, iar ei vor
trece prin toate lucrările lor fiind arse, dar ei înșiși vor fi mântuiți.
Asta e tot – nu vor avea nimic. Vor ajunge, dar nici una dintre
lucrările lor nu va ajunge. Care sunt hainele miresei din Apoc-
alipsa 19? Lucrările drepte ale sfinților. Deci, dacă lucrările noastre
nu sunt faptele drepte ale sfinților, vom intra, dar vom fi doar goi.

Așa că trebuie să fim foarte atenți să nu schimbăm ceea ce ne-a
spus Isus să facem. Ceea ce ne-a spus El să facem este argintul și
aurul. Poruncile lui Isus sunt argintul și aurul. Predicați
Evanghelia Împărăției. Isus spune în Matei capitolul 10, El își
trimite ucenicii afară. Nu puteți obține direcții mai clare despre
ceea ce dorește Isus de la ucenicii Săi decât Matei capitolul 10. De
fiecare dată când El trimite pe ucenicii Săi, asta se așteaptă ca ei să
facă și asta trebuie să facă pentru totdeauna până când El va veni.

„Du-te și propovăduiește Evanghelia Împărăției și Numele lui
Isus". Aceasta este ceea ce vedem în Faptele Apostolilor capitolul
8. „Vindecați pe bolnavi, înviați morții, curățați-i pe leproși și
scoateți demonii. Dă-i cu plăcere ceea ce ai primit gratuit." Apoi
El spune în Marcu capitolul 16: „Aceste semne îi vor însoți pe cei
ce cred: vor scoate demoni, vor vorbi în limbi noi, vor călca șerpi,
își vor pune mâinile peste bolnavi și se vor vindeca."

Așa ar trebui să arate viața credinciosului. De ce? Pentru că
este Împărăția lui Dumnezeu. Dacă boala nu aparține Împărăției,

atunci scoate-o. Dacă demonii nu aparțin Regatului, atunci scoate-i afară. Dacă morții nu aparțin Împărăției, atunci înviați-i. Noi predicăm numele lui Isus pentru că în numele lui Isus suntem mântuiți. Dar odată ce ai intrat în Regat, mai este de lucru.

El a inaugurat Împărăția și El o va desăvârși în viitor. Câți dintre voi își amintesc de al Doilea Război Mondial? Probabil ai studiat-o la școală. Știm despre acest eveniment numit D-Day. A fost punctul de cotitură al celui de-al Doilea Război Mondial. A fost o victorie pe plajele din Normandia – a costat multe vieți, dar i-a pus pe nemți pe urme, împingându-i înapoi spre Berlin. Ziua Z a fost cea care a determinat rezultatul războiului. Determinarea modului în care se va încheia războiul a avut loc chiar în acea zi.

Cu toate acestea, nu a fost Ziua V, a fost Ziua Z. V-Day nu a fost pentru încă 11 luni. Știați că America a pierdut mai multe trupe între Ziua Z și Ziua V decât au pierdut în orice moment înainte de război? Au fost victime, dar V-Day era sigur. Și pe crucea Calvarului s-a întâmplat Ziua Z. Satan a luat un cui în sicriu. V-Day este determinată - se va întâmpla. Nu este o chestiune de „dacă" – este „când".

Ne-am alăturat lui Dumnezeu în această lucrare pentru a ne pregăti pentru Ziua V, care urmează. Nu știm ora, dar este pe drum. Este sigur – nu există nicio îndoială dacă va exista o victorie în acea zi. Victoria a fost determinată; suntem doar în această perioadă intermediară de curățare. Și noi suntem echipa de curățenie.

Regele va sta acolo unde vrăjmașul și-a așezat tronul — tronul vrăjmașului va fi distrus, iar Regele vine, declarând: „Eu curăț mizeria pământului – vindec pe bolnavi, înviez morții, curățesc leproșii", la fel cum Ioan Botezătorul pregătea calea pentru Domnul, făcându-și cărările drepte pentru venirea ei. pentru El.

Pământul nu arată așa cum ar trebui, așa că El ne-a trimis să mergem și să-l curățăm ca să-și poată lua tronul.

„Veți propovădui Evanghelia Împărăției până la marginile pământului și apoi voi veni." Asta ne spun Scripturile. El ne așteaptă pe tine și pe mine să-I pregătim venirea. Cred că a fost prelungită de multe ori pentru că Biserica nu s-a pregătit și nu s-a pregătit pentru venirea Regelui. Ar fi putut fi o muncă rapidă.

Dar în anul 313 d.Hr. creștinismul a fost legalizat, iar la legalizarea creștinismului a avut loc o oprire. Și creștinismul nu mai costă nimic pe nimeni. Dar Evanghelia originală spunea: „Lepădă-te de tine însuți, ia-ți crucea și urmează-Mă", pentru că deja ai murit împreună cu Hristos și vei trăi pentru totdeauna. Acum este timpul să trăim pentru Împărăție. Și fie că trăiești, fie că mori, trăiești în Hristos. Deja trăiești conform Împărăției viitoare, așa că acum, chiar dacă ei îți iau capul, trăiești, așa cum a spus Pavel: „A trăi este Hristos, și a muri este câștig".

Dar pentru că cineva a spus: "Nu faceți asta, nu chemați oamenii la cruce. Autoritățile ne-au spus să nu facem asta". Am încetat să păstrăm cuvintele curate ale lui Dumnezeu. Dar permiteți-mi să vă spun – avem o autoritate mai înaltă decât autoritatea acestui pământ. Numele lui este Isus. El este Rege și trebuie să-I ascultăm. Chiar dacă ne bagă în închisoare sau ne iau capul — nu-mi pasă. Există oameni pe moarte pentru care Isus i-a plătit și nu vor ști niciodată dacă urmez toate lucrurile pe care le spune guvernul.

Știi, în China, ei nu sunt niciodată liberi să se adune ca noi în America. Există de fapt o biserică legală pe care guvernul Chinei le permite credincioșilor chinezi să o aibă. Ei au scos toate Scripturile importante, și-au creat propria Biblie și au spus: „Nu ai voie să vorbești despre aceste lucruri". Și o parte a Bisericii a spus: „Bine, mulțumesc foarte mult". Acea biserică nu crește – acea biserică este moartă.

Dar Biserica subterană din China a spus: „Ne poți pune în închisoare, ne poți lua capetele, dar trebuie să predicăm despre Isus". Știți, aceasta este cea mai mare Biserică de pe pământ – mai mare decât toate bisericile din America, toate bisericile din Europa la un loc. Doar Biserica din China este mai mare și crește mai repede. De ce? Pentru că ei înțeleg Evanghelia Împărăției.

Când lui Petru și Ioan li s-a spus: „Nu mai vorbiți despre Isus", ei au spus: „De cine să ascultăm? Tu sau Dumnezeu?" Autoritățile au răspuns: "Bine, bine. Dacă vorbești din nou despre Isus, te vom ucide." Răspunsul lui Petru și Ioan a fost: „Fă-o". I-au bătut și le-au lăsat să plece. Petru și Ioan au sărbătorit luarea loviturilor pentru Isus. Petru și Ioan au spus: "Ne-au bătut. Este grozav! Lăudat-o pe Dumnezeu! Tocmai am câștigat un fel de răsplată în Împărăție, știu asta. Eram mândri să ne lăudăm public cu El și El spune că se va lăuda cu noi înaintea Tatălui Său." Asta e vestea bună!

Iată secretul tuturor, pentru că există o clătinare cu privire la fiecare adevăr și trebuie să echilibrăm adevărul cu adevărul, având întregul sfat al lui Dumnezeu. Dacă nu facem lucrarea pe care El ne-a cerut-o, El nu va fi mulțumit. Dar cealaltă parte a acestui adevăr este ceea ce vedem cu Maria și Marta în Luca 10. Marta încearcă să facă toată lucrarea, iar Isus spune: „Uite, poți face asta, dar Maria va primi răsplata și nu lucrează – stă la picioarele Mele".

Și ceea ce cred este că noi trebuie să fim mai întâi Maria. Totul trebuie să vină din așezarea la picioarele Lui. Vom lucra, dar să fim mai întâi Maria și să facem lucrările dintr-un loc de locuire. În ziua aceea vor fi cei care vor spune: „Nu am scos noi demonii și nu am proorocit în numele Tău?" Și El le va spune: „Nu v-am cunoscut niciodată". De ce? Ei nu au stat niciodată la picioarele Lui. Ei nu

L-au cunoscut cu adevărat. Ei știau să se miște după Duhul, dar nu L-au cunoscut.

„Eu sunt vița adevărată și Tatăl Meu este viticul. Orice mlădiță din Mine, care nu aduce rod, El o ia; și orice mlădiță care aduce rod, o tunde, ca să aducă mai mult rod. Sunteți deja curați din pricina cuvântului pe care vi l-am spus. Rămâi în Mine și Eu în tine. Cum mlădița nu poate aduce rod de la sine, dacă nu rămâne în viță, nici voi nu rămîneți vița în Mine. Cel care rămâne în Mine, și Eu în el, aduce multă roadă, căci fără Mine nu puteți face nimic, dacă cineva nu rămâne în Mine, este aruncat afară și se strânge și le aruncă în Mine, iar cuvintele Mele rămân în voi, pentru că veți cere mult; așa veți fi ucenicii Mei". Ioan 15:1-8

Observați primele cuvinte: „Eu sunt". Care este numele lui Dumnezeu Tatăl? "Eu sunt." Isus tocmai a spus despre Sine: „Eu sunt". Ceea ce este uimitor este că Evanghelia după Ioan este formată în jurul a șapte afirmații „Eu Sunt". Evangheliile sinoptice (Matei, Marcu și Luca) sunt despre înțelegerea Împărăției. Și John a spus: „Bine, înțelegi Împărăția , dar lasă-mă să mă asigur că îl înțelegi pe Isus." Și el dă cele șapte declarații „Eu Sunt" ale lui Isus și scrie întreaga Evanghelie pe baza acelor șapte afirmații „Eu Sunt".

Ar trebui să-l citești pe John — ar trebui să citești totul. Dar, dacă nu este echilibrat de Regat, va fi oprit. Ioan ne invită la o minunată intimitate cu Dumnezeu, ghemuindu-ne pe pieptul lui Isus. Matei, Marcu și Luca declară: „Să luăm cu asalt porțile iadu-lui!" Într-un fel, singura carte a lui Ioan cântărește și echilibrează trei Evanghelii – este uimitor.

Este foarte important să echilibrăm acest lucru. Dacă mergem la Ioan și punem întrebarea: „Cine este Dumnezeu?" descoperim că El este iubire. Iar Ioan merge adânc asupra lui Isus, care este acest Dumnezeu – care este iubire, și veți vedea mult cuvântul

„iubire". Dar Ioan vorbește și despre a fi sădit de Domnul. Am citit-o înapoi în Isaia 60 și 61, unde ambele capitole vorbesc despre noi că suntem cei plantați ai Domnului pentru a-I aduce slavă.

Cred că „postura și atitudinea Mariei" – a fi plantat de Domnul – este așa cum arată. Nu poți aduce roade decât dacă ești sădit de la Domnul. Să descompunem Ioan 15, spune Isus,

"Eu sunt via, iar Tatăl Meu este viticorul. Orice mlădiță din Mine care nu aduce rod, El o ia. Și orice mlădiță care aduce rod, El o tunde, ca să aducă mai mult rod." Ioan 15:1-2

El continua:

„Rămâneți în Mine și Eu în voi. După cum mlădița nu poate aduce rod de la sine, dacă nu rămâne în viță, nici voi, dacă nu rămâneți în Mine. Eu sunt vița , voi sunteți mlădițele. Cel ce rămâne în Mine și Eu în el, aduce mult rod, căci fără Mine nu puteți face nimic." Ioan 15:4-5

Este ca, „Nu El tocmai a spus asta?" De fiecare dată când citiți ceva în Scriptură și vă gândiți: „Sunt destul de sigur că El tocmai a spus asta", El încearcă să vă atragă atenția. El spune: „Acesta este foarte important – o voi spune de două ori".

„Dacă cineva nu rămâne în Mine, este aruncat afară ca mlădița și se usucă; îi adună și îi aruncă în foc și sunt arse. Dacă rămâneți în Mine și cuvintele Mele rămân în voi." Ioan 15:6-7

Cum arată când El rămâne în noi și Cuvântul Său rămâne în noi?

„Veți cere ceea ce doriți și vi se va face. Prin aceasta este proslăvit Tatăl Meu." Ioan 15:7-8

L-ai prins? Isaia 60 și 61 spun că El te va sădi, vei aduce rod și vei aduce slavă Tatălui. Isus tocmai a spus: "Eu sunt vița, voi sunteți mlădițele. Tatăl Meu este viticultorul. Când îi lăsați să vă tunde, veți aduce mult rod și veți aduce slavă Domnului." Așadar, toate roadele Împărăției – predicarea Evangheliei Împărăției, vindecarea, ridicarea, eliberarea – începe chiar de aici: „Rămâneți în El".

Vrei să aduci slavă lui Dumnezeu? Rămâneți în El. Rămâneți în Cuvântul Său și lăsați Cuvântul Lui să rămână în voi. Trebuie să aveți timp propriu pentru a cunoaște Cuvântul, pentru a cunoaște adevărul, astfel încât să puteți fi liber și să rămâneți liberi, să rămâneți, să produceți roade și să aduceți slavă lui Dumnezeu. Dacă vrei să vindeci pe cei bolnavi, înviați morții și curățați-i pe leproși. Așezați-vă la picioarele Lui, citiți Cuvântul Lui și ascultați glasul Lui. Apoi vindecarea și toate celelalte lucruri sunt ușoare – vă putem învăța să faceți asta într-un weekend. Este chiar ușor . El le face pe toate. Acum, să rămânem.

Trebuie să înțelegem Evanghelia ca pe o Împărăție care are un Împărat și pe noi ca pe un popor care se pregătește pentru venirea acelui Împărat – Regele care a venit și vine. Întregul Noul Testament este așa. Unii întreabă: „A venit sau vine El?" Și Noul Testament răspunde: Da . Trebuie să o cântărim așa. Suntem mântuiți prin credință, dar avem de făcut. Dezechilibrăm atunci când facem unul mai mare decât celălalt. Toate acestea sunt echilibrate în acest fel.

Este important să înțelegem că Împărăția lui Isus este atât acum, cât și nu încă. Aceasta este tensiunea în care trăim. Împărăția a fost inaugurată – este aici – dar manifestarea deplină a ei încă urmează. Aceasta este partea „nu încă". Dar, ca popor al Său, trăim în acel spațiu intermediar în care Împărăția pătrunde în această lume prin noi.

Când rămânem în El, aducem roadele Împărăţiei aici şi acum. Suntem chemaţi să facem lucrarea Împărăţiei, aducând vindecare, eliberare şi vestea bună celor care sunt pierduţi şi răniţi. Dar facem asta în timp ce ne ţinem ochii pe plinătatea Împărăţiei care urmează să vină. Isus a spus;

„Căutaţi mai întâi Împărăţia lui Dumnezeu şi dreptatea Lui şi toate aceste lucruri vi se vor adăuga." Matei 6:33

Ce înseamnă să cauţi mai întâi Împărăţia? Înseamnă că Împărăţia lui Dumnezeu şi neprihănirea Lui ar trebui să fie punctul central al vieţii noastre. Orice altceva – slujbele noastre, familiile şi chiar slujirile noastre – trebuie să fie sub conducerea şi domnia Regelui Isus. Este Împărăţia Lui pe care o construim, nu a noastră. Vedem şi că în Rugăciunea Domnului, unde Isus ne-a învăţat să ne rugăm,

„Vie Împărăţia Ta, fă-se voia Ta aşa cum este şi în ceruri pe pământ." Matei 6:10

Aceasta este o declaraţie puternică că Împărăţia lui Dumnezeu va invada pământul, că voia Lui va fi făcută aici, aşa cum se face în ceruri. Asta înseamnă că ne rugăm pentru realităţile cerului – unde nu există nicio boală, nici durere, nici întristare şi nici păcat – să pătrundă în lumea noastră. Şi asta se întâmplă prin noi, Biserica. Biserica este agentul Împărăţiei pe pământ. Suntem trupul lui Hristos şi, ca trup al Său, suntem chemaţi să continuăm lucrarea Lui, proclamând Evanghelia Împărăţiei şi demonstrând puterea ei. Iisus ne-a dat Marea Încredinţare în Evanghelia lui Matei.

„Toată puterea Mi-a fost dată în cer şi pe pământ. Duceţi-vă deci şi faceţi ucenici din toate neamurile, botezându-i în numele Tatălui şi al Fiului şi al Sfântului Duh, învăţându-i să păzească tot ce v-am poruncit; şi iată, Eu sunt cu voi în toate zilele, până la sfârşitul veacului." Matei 28:18-20

Această misiune este misiunea noastră până când Isus se întoarce. Suntem chemați să mergem și să facem ucenici – nu doar convertiți, ci ucenici care îl urmează pe Isus și se supun poruncilor Lui. De asemenea, suntem chemați să-i botezăm și să-i învățăm să asculte de tot ceea ce a poruncit Isus. Observați că Isus a spus: „Eu sunt cu voi întotdeauna, până la sfârșitul veacului". Asta înseamnă că nu facem asta singuri. Isus este cu noi și, prin puterea Duhului Sfânt, suntem capabili să îndeplinim această misiune. Dar această misiune nu este doar despre predicarea cuvintelor, ci despre demonstrarea Împărăției cu putere. Isus a spus:

„Dar veți primi putere când Duhul Sfânt se va pogorî peste voi și Îmi veți fi martori în Ierusalim, în toată Iudeea și Samaria și până la capătul pământului." Faptele Apostolilor 1:8

Nu putem îndeplini Marea Trimitere fără puterea Duhului Sfânt. Biserica primară a înțeles acest lucru. Ei nu au predicat doar Evanghelia, ci au demonstrat puterea Împărăției . De aceea vedem minuni, semne și minuni în toată cartea Faptele Apostolilor. Nu erau doar cuvinte, ci o demonstrație a Împărăției. Paul a spus,

„Căci Împărăția lui Dumnezeu nu este în cuvânt, ci în putere." 1 Corinteni 4:20

Împărăția nu este doar despre predicare sau predare, ci despre demonstrarea puterii lui Dumnezeu. Și această putere este disponibilă pentru fiecare credincios. Isus nu i-a trimis doar pe apostoli cu această misiune – El i-a trimis pe toți ucenicii Săi. Asta ne include pe noi.

„Și aceste semne vor urma pe cei ce cred: în Numele Meu vor scoate demoni; vor vorbi în limbi noi; vor lua șerpi; și dacă vor bea ceva de moarte, nu le va vătăma cu nimic; își vor pune mâinile peste bolnavi și se vor vindeca." Marcu 16:17-18

Aceste semne nu sunt doar pentru câţiva aleşi, ci sunt pentru toţi credincioşii. Puterea Duhului Sfânt ne este disponibilă astăzi, la fel cum a fost pentru Biserica primară. Când înţelegem Împărăţia şi puterea ei, putem merge în plinătatea a ceea ce Isus ne-a chemat să facem. Dar amintiţi-vă, aşa cum am menţionat mai devreme, toate acestea provin dintr-un loc de a rămâne în Isus. Nu putem face nimic prin puterile noastre. Aceasta înseamnă că tot ceea ce facem în Împărăţie trebuie să provină din legătura noastră cu Isus. Trebuie să rămânem în El, petrecând timp în prezenţa Lui, ascultând glasul Lui şi fiind conduşi de Duhul Său. Aşa dăm roade. Aşa aducem realităţile Împărăţiei în lumea din jurul nostru.

Împărăţia este aici şi vine. Suntem chemaţi să trăim în tensiunea „acum şi a „nu încă". Proclamăm Evanghelia Împărăţiei, îi demonstrăm puterea şi ne pregătim pentru ziua în care Isus se va întoarce şi va stabili pe deplin domnia Sa pe pământ. Până atunci, avem de lucru. Trebuie să ne ocupăm de treburile Tatălui, să aducem Împărăţia Lui pe pământ şi să facem ucenici din toate naţiunile. Şi facem asta cu siguranţa că Isus este cu noi şi că puterea Lui ne este disponibilă prin Duhul Sfânt.

Vine ziua când plinătatea Împărăţiei va fi aici — când Isus va şterge fiecare lacrimă şi nu va mai fi moarte, întristare sau durere. Dar până în acea zi, suntem chemaţi să fim martori ai Lui, demonstrând Împărăţia Lui şi puterea Lui unei lumi care are nevoie disperată de El. Să trăim cu urgenţă, ştiind că timpul este scurt şi că Regele vine în curând. Să căutăm mai întâi Împărăţia Sa şi neprihănirea Lui şi să avem încredere că orice altceva ni se va adăuga pe măsură ce vom face lucrarea pe care El ne-a chemat.

Să fim Biserica pe care Isus a intenţionat să fim – o Biserică plină de Duhul Său, umblând în puterea Lui şi înaintând Împărăţia Sa pe pământ. Să fim oamenii care purtăm lumina lui Hristos în locurile cele mai întunecate, ştiind că nu suntem singuri. El este cu noi, dându-ne putere la fiecare pas. Biblia spune:

„Căci așteptarea stăruitoare a creației așteaptă cu nerăbdare descoperirea fiilor lui Dumnezeu". Romani 8:19

Toată creația așteaptă ca noi, copiii lui Dumnezeu, să ne ridicăm și să ne luăm locul în Împărăție. Ne așteaptă să dezvăluim Împărăția lui Dumnezeu pe pământ așa cum este în ceruri. Lumea este înfometată de ceva real, ceva care depășește cuvintele și doctrinele – ei așteaptă să vadă puterea Împărăției.

Acesta este motivul pentru care suntem aici. Aceasta este misiunea noastră. Nu suntem aici doar pentru a exista până când vom muri și vom merge în rai – suntem aici pentru a aduce raiul pe pământ, pentru a aduce domnia și domnia lui Dumnezeu în fiecare sferă a vieții și pentru a aduce oamenii la cunoașterea mântuitoare a lui Isus Hristos. Vine ziua când fiecare genunchi se va pleca și fiecare limbă va mărturisi că Isus Hristos este Domnul, spre slava lui Dumnezeu Tatăl (Filipeni 2:10-11). Dar, până în ziua aceea, să trăim ca cetățeni ai Împărăției Sale, umblând în autoritatea Lui și proclamând vestea bună a Împărăției oriunde mergem. Câmpurile sunt coapte pentru recoltare. Isus a spus:

„Secerișul este cu adevărat din belșug, dar lucrătorii sunt puțini. De aceea, rugați-vă pe Domnul secerișului să trimită lucrători în secerișul Său". Matei 9:37-38

Să fim acei muncitori. Să fim noi cei care ieșim în câmpul secerișului, aducând pe cei pierduți, vindecând pe cei bolnavi, scoțând demoni și înviând morții. Să fim noi cei care ducem mesajul Împărăției până la marginile pământului. Nu există o chemare mai mare. Nu există o misiune mai mare. Și nu există o răsplată mai mare decât a ști că suntem parteneri cu Isus pentru a aduce Împărăția Lui pe pământ.

Prin urmare, ridică-te Biserica. Ridică-te, străluceşte, căci lumina ta a venit! Regatul este la îndemână, iar Regele vine în curând. Să fim pregătiţi pentru întoarcerea Sa făcând lucrarea pe care El ne-a chemat să o facem, împuterniciţi de Duhul Său şi trăind în plinătatea Împărăţiei Sale. Isus spune,

„Şi iată, Eu vin repede şi răsplata Mea este cu Mine, ca să dau fiecăruia după lucrarea lui". Apocalipsa 22:12

Să trăim cu ştiinţa că Regele va veni în curând. Să trăim în fiecare zi cu urgenţa şi pasiunea care vine din a şti că am fost chemaţi să promovăm Împărăţia Lui, să proclamăm Evanghelia Lui şi să-I demonstrăm puterea. Să ne asigurăm că atunci când El va veni, vom auzi cuvintele: „Bravo, slujitor bun şi credincios. Intră în bucuria Domnului tău".

Suntem poporul Împărăţiei Lui şi ni s-a dat misiunea Împărăţiei Lui. Să ieşim, în puterea Duhului Sfânt, şi să îndeplinim acea misiune. Să trăim ca cetăţeni ai Împărăţiei lui Dumnezeu, cu ochii aţintiţi asupra lui Isus, Autorul şi Desăvârşitorul credinţei noastre, până când El se întoarce în slavă pentru a-şi stabili Împărăţia pentru totdeauna.

Întrebări de discuţie

1. În ce mod înţelegerea modului în care Isus a demonstrat Împărăţia lui Dumnezeu vă provoacă abordarea actuală a credinţei şi slujirii? În ce moduri practice poţi participa la aducerea realităţilor cerului (vindecare, eliberare, miracole) pe pământ în viaţa ta de zi cu zi?

2. Ce înseamnă să rămâi în Hristos şi cum îţi dă putere această stăruinţă să dai roade pentru Împărăţie? Cum poţi cultiva o intimitate mai profundă cu Isus pentru a te asigura că lucrările tale sunt înrădăcinate într-o relaţie autentică cu El?

3. Având în vedere accentul pus de acest capitol pe urgenţa de a înainta Împărăţia, ce paşi puteţi face pentru a vă alinia priorităţile cu misiunea lui Dumnezeu? Cum vă influenţează conceptul de Împărăţie „acum şi nu încă" perspectiva asupra rolului Bisericii şi responsabilitatea dumneavoastră personală în ea?

5

ETICA REGATULUI

După cum am văzut, accentul nostru trebuie să fie Împărăția lui Dumnezeu. Biserica în ansamblu din Occident pare să nu înțeleagă cu adevărat acest lucru, așa că ceea ce avem tendința de a face este să predicăm Evanghelia mântuirii. Acum, Evanghelia mântuirii este bună. Este vital, de fapt, dar este o parte a Evangheliei Împărăției. Este doar o parte din ea. Putem predica Evanghelia mântuirii și omitem Evanghelia Împărăției. Dar trebuie să înțelegem că Evanghelia pe care a predicat-o Isus a fost Evanghelia Împărăției.

De ce pare uneori Biserica atât de neputincioasă? Pentru că ei au Evanghelia mântuirii, dar nu Evanghelia Împărăției. Cred că ar trebui să predicăm Evanghelia pe care Isus a predicat-o pentru că mântuirea este inclusă în ea. În loc să separăm ceea ce ne avantajează de ceea ce ne costă, avem nevoie de Evanghelia deplină. Ceea ce se întâmplă atunci când ne concentrăm doar asupra Evangheliei mântuirii este că oamenii sunt mântuiți, dar apoi așteaptă doar veșnicia. Nu e nimic altceva de făcut. Ei cred: „Sper că sunt o persoană suficient de bună și pot intra". Acest lucru îi face pe creștini să trăiască vieți neputincioși pentru că nu înțeleg că Isus nu a vrut doar să-i salveze pentru ca într-o zi să poată merge în rai.

Acesta nu este planul sau scopul suprem al lui Dumnezeu. Chiar și atunci când ne-a învățat să ne rugăm, El a spus: „Vie Împărăția Ta, să se facă voia Ta pe pământ, așa cum este în ceruri".

Împărăția lui Dumnezeu are de-a face cu domnia și domnia lui Dumnezeu. Accentul acestui capitol va fi pe ceea ce eu numesc etica Regatului. Înțelegerea acestui lucru ne va îmbunătăți înțelegerea Regatului și a întregii Biblii în totalitatea ei. Sper că până acum, în timp ce citiți această carte, Biblia a avut mai mult sens decât atunci când ați început. Prietenul nostru Romeo, unul dintre discipolii noștri din Burkina Faso, Africa de Vest, spune: „Biserica din America este foarte interesantă. Ei spun: „Îmi place această parte a Bibliei, dar nu îmi place acea parte". Oh, îmi place această parte. Ei doar aleg și aleg ce părți le plac și opresc anumite părți."

Pot să vă spun Biserică, nu ar trebui să existe nicio parte din Scripturi pe care să o omitem. Totul are sens și totul se potrivește ca o singură poveste. Dar dacă omitem anumite lucruri fundamentale, atunci va trebui să alegem pentru că nu va avea sens. Dacă ai un cesationist background sau mentalitate (adică crezi că darurile spirituale au încetat), vei avea multe conflicte cu Biblia. Vei avea o mulțime de Scripturi peste care trebuie să sari. Adesea, acesta este grupul care crede că are calea corectă. Dar pentru a crede asta, trebuie să sari peste jumătate din Biblie. Cum putem crede că avem calea corectă când trebuie să sărim jumătate din scripturi sau să spunem: „Asta nu mai este important?"

Accentul acestui capitol este Predica de pe Munte. Isus a spus că nici un „titlu" (cea mai mică literă din Scripturile Ebraice) nu va trece până când cerul și pământul nu vor trece. Știm că cerul și pământul vor trece când Isus va aduce un cer nou și un pământ nou, dar până atunci, nimic din toate acestea nu va trece. Totuși noi spunem: „A trecut". Acest lucru este contrar Scripturilor. Vreau să mă asigur că poți citi deplinătatea Scripturilor și nu te simţi în conflict. Am vorbit despre de ce minunile, semnele şi minunile L-au urmat pe Isus. Sper că este binecuvântat să înţelegi că Isus nu a făcut minuni, semne şi minuni pentru că El era Dumnezeu. El le-a făcut pentru că în Împărăţia lui Dumnezeu, aşa cum este descris în Apocalipsa 21 şi 22, acele lucruri (boală, moarte, asuprire demonică) nu aparţin acolo. Deci, dacă Isus aduce Împărăţia Tatălui Său, bolnavii trebuie să fie vindecaţi pentru că boala nu aparţine Împărăţiei, demonii trebuie să fie izgoniţi pentru că nu aparţin Împărăţiei. Morţii trebuie să fie înviaţi pentru că nu există moarte în domnia şi domnia lui Dumnezeu. Acestea sunt semne că Împărăţia este la îndemână.

Dar, mai este ceva cu care trebuie să ne ocupăm în legătură cu Împărăţia, care va schimba fiecare aspect al vieţii tale: nu vei face doar miracole. Va fi o zi când Isus va spune, în Matei 7 (parte din Predica de pe Munte), că oamenii vor spune: „Doamne, Doamne" şi ce va spune El? Nu toţi cei care strigă „Doamne, Doamne" vor intra în Împărăţia Cerurilor. El spune că vor fi unii care vor face asta, dar răspunsul Lui va fi: „Departe de mine, lucrătorilor fărădelegii, nu v-am cunoscut niciodată". Şi ei vor spune: „Dar noi am proorocit şi am făcut minuni mari şi am scos draci. Nu am făcut noi toate acestea în numele Tău?" Dar El va spune: „Nu te-am cunoscut niciodată". Fără îndoială că poţi face lucrările Împărăţiei, dar dacă lipseşte un ingredient cheie, Isus va spune: „Nu te cunosc". Acesta este motivul pentru care acest capitol este atât de important.

Isus se roagă în Ioan 17, care este cu adevărat Rugăciunea Domnului, pentru că atunci Domnul S-a rugat. Ne place să numim rugăciunea din Matei 6, unde Isus îi învaţă pe ucenici să se roage, Rugăciunea Domnului. El spune: „Nu vă rugaţi la rugăciuni lungi şi repetate, aşa cum fac neamurile, crezând că vor fi ascultaţi pentru multele lor cuvinte. Nu vă rugaţi aşa." Ei scandau, ca ceea ce fac vrăjitoarele. El a spus: "Nu vă rugaţi aşa. Rugaţi-vă aşa: Tatăl nostru, care eşti în ceruri..." Noi numim aceasta

Rugăciunea Domnului, dar Isus a avut de fapt o rugăciune care a fost rugăciunea Sa, rugăciunea Domnului, și în acel moment intim cu Tatăl, El S-a rugat altceva:

„Pentru ca toți să fie una, precum Tu, Părinte, ești în Mine și Eu în Tine; pentru ca și ei să fie una în Noi, pentru ca lumea să creadă că Tu M-ai trimis." Ioan 17:21

Câteva versete mai târziu, Isus dezvăluie că aceasta este dorința Lui. Dorința lui Isus, care nu are alte dorințe decât cele ale Tatălui, arată că aceasta este ceea ce dorește Tatăl. Este că toți am fi una împreună și că am fi una cu El, care este una cu Tatăl în Duhul. Acesta este scopul real al Tatălui, al Fiului și al Duhului Sfânt – ca noi să avem ceea ce au ei, care este această armonie frumoasă în relația lor.

Acum, acest lucru nu este ușor. De fapt, este foarte greu. Dacă ești căsătorit, înțelegi asta. Câți dintre voi ați întâmpinat dificultăți în căsătorie? Totuși, este dorința lui Dumnezeu ca noi să devenim una în căsnicia noastră, nu? Și dorința lui Isus este ca biserica Sa să fie una și ea să fie una cu El. Lumea ar răspunde spunând: „Uau, vrem asta". Există o unitate după care Dumnezeu o urmărește în biserica Sa – nu genul de unicitate care vine din a avea un certificat de căsătorie scris, ci unitatea unei vieți trăite și experimentate, de creștere și maturitate, în care viețile noastre sunt unite, astfel încât Dumnezeu Însuși să privească și să spună: „Uau, ei sunt una".

Chiar și cu copiii tăi, tu și familia ta, ca să existe unicitate. Chiar și cu vecinii tăi, că ar exista unicitate. Aceasta este dorința lui Dumnezeu. Știu că aici, în SUA, suntem numiți „Statele Unite", dar știu, de asemenea, că există multe conflicte și diviziuni, care nu este dorința lui Dumnezeu. Dorința lui Isus este ca noi să fim una.

Scripturile din Vechiul Testament ne oferă o modalitate de a fi drept cu Dumnezeu, de a fi una cu Dumnezeu. Este legea. Dumnezeu a dat legea. În Exodul capitolul 20, El a dat cele zece porunci. „Dacă faci asta, atunci vei fi neprihănit", ceea ce înseamnă că vei fi în starea potrivită cu Dumnezeu. Și la sfârșitul acestei vieți, dacă ai făcut toate aceste lucruri, vei fi drept cu Dumnezeu și vei primi viața veșnică. Așa a fost Vechiul Testament. Dar, Isus vine și spune: „Nu am venit să elimin asta, am venit să o împlinesc." (Matei 5:17)

Modul în care ar fi trăit era bazat pe lucrări: dacă fac asta, atunci înțeleg asta. Dar Isus o întoarce. Există acest lucru numit imperativ: „Tu ești". Apoi există un indicativ: „rezultatul a ceea ce ești". De exemplu, să folosim un câine. Să presupunem că ești un câine, iar câinii aduc mingi. A fi câine este imperativ, iar a lua bile este indicativ. Deci un câine ia mingi pentru că este un câine. În Vechiul Testament, imperativul venea după indicativ: Dacă trăiești drept, dacă te supui legii, atunci vei fi neprihănit, vei fi binecuvântat și vei obține viața veșnică. În Noul Testament, imperativul este pe primul loc: „Tu ești drept". Indicativul vine după: „Trăiește drept".

Dacă nu primim asta, vom trăi religios. Vom trăi făcând lucruri evlavioase ca să putem obține ceva. Noul Testament spune: „Tu o ai, așa că trăiește-o". Imperativul vine pe primul loc, deci indicativul vine după. Vreau să vă arăt acest lucru în Matei capitolul 5, deoarece acest lucru este vital pentru înțelegerea creștinismului. Nu poți fi drept pe cont propriu. Indicativul tău nu îți va face niciodată imperativ. Nu va funcționa niciodată așa. Nu vei deveni niciodată un copil al lui Dumnezeu datorită eforturilor tale bune. Unii dintre noi muncim din greu pentru a fi buni și este obositor. Dacă ești tu, sunt încântat să înțelegi această revelație: Lasă imperativul să vină pe primul loc. Lasă-l să fie declarat despre tine, astfel încât să poți trăi rezultatul. ***Ești un copil al lui Dumnezeu.***

Predica de pe Munte este o imagine a lui Isus fiind Moise mai mare, cel mai mare decât Moise. Moise a spus: „Vine unul care este ca mine, dar mai mare. El va fi un profet ca mine, dar va fi mai mare ." (Deuteronom 18:18). Isus, în Predica de pe Munte, urcă pe un munte. De unde a luat Moise legea? Pe un munte. Deci, Isus joacă asta. El urcă, îi pune să stea jos și începe să le dea legea – dar într-un mod diferit. Imperativul este pe primul loc. El spune: „Binecuvântat!" Ești binecuvântat, așa că hai să trecem prin asta repede:

„Fericiți cei săraci cu duhul..." Matei 5:3

Imperativul este pe primul loc: ești binecuvântat, așa că ești sărac cu spiritul. „Binecuvântat" este ceea ce ești; ceea ce faci vine după ceea ce ești. Ești binecuvântat și, din această cauză, ești sărac cu duhul.

- „Fericiți cei ce plâng, căci vor fi mângâiați."
- „Fericiți cei blânzi, căci ei vor moșteni pământul".
- „Fericiți cei flămânzi și însetați de dreptate, căci ei vor fi săturați".

Și merge mai departe. Aș încuraja pe toată lumea să petreacă timp citind în scripturi despre ceea ce vorbesc în acest capitol, pentru că sunt atât de multe. Imperativul este pe primul loc: **Tu ești binecuvântat** , iar binecuvântații sunt așa. Isus continuă spunând:

„Tu ești sarea pământului." Matei 5:13

Ești — asta este ceea ce ești. Imperativul este pe primul loc. Apoi El spune: „Tu ești lumina lumii. Lasă lumina ta să strălucească." Imperativul a ceea ce sunteți – lumina – eliberează indicativul că străluciți din cauza a ceea ce sunteți. Tu ești lumina, aşa că străluciţi. Eşti sare, aşa că fii sărat. Eşti binecuvântat şi aşa este. Acest lucru îi încurcă pe farisei pentru că ei încearcă să câştige ceva, iar Isus o răsturnează: *O* să fii aşa pentru că acesta este cine eşti. Dacă îl întorci, te vei întoarce la religie şi vei încerca să o câştigi. Isus declară: „Tu eşti neprihănit; acum trăieşte drept." Asta schimbă totul. Acest lucru îi încurcă pe cei care înţeleg legea în epoca Noului Testament. Dar aceasta este ceea ce Isus continuă să spună;

> *"Să nu credeţi că am venit să stric Legea sau Proorocii. Nu am venit să stric, ci să împlinesc. Căci adevărat vă spun că până vor trece cerul şi pământul, nici o iotă sau o stropire nu va trece din Lege până când totul se va împlini."* Matei 5:17-18

Până când vom intra pe deplin în ea, El spune: „Oricine, deci, călcă una dintre cele mai mici dintre aceste porunci şi îi învaţă pe alţii să facă la fel, va fi numit cel mai mic" (versetul 19).

> *„Căci vă spun că, dacă neprihănirea voastră nu o depăşeşte pe cea a cărturarilor şi a fariseilor, nu veţi intra în niciun caz în Împărăţia cerurilor."* Matei 5:20

Pentru poporul evreu – pescarii, colectorii de taxe şi oamenii obişnuiţi care ascultă – trebuie să se fi gândit: „Cum putem face asta? Dacă nu depăşeşte dreptatea lor?" Ei se gândesc: „Atunci cine poate intra?" Isus este singurul care poate intra prin efortul şi munca Sa.

Lasă-mă să rezolv pentru tine ceva dificil pentru teologi. Aceasta este o mare problemă pentru bisericile reformate. Ei nu vor ca pocăinţa să fie o lucrare pentru că Scriptura spune în Efeseni 2:8: „Noi suntem mântuiţi prin har prin credinţă, nu prin faptele noastre, ca să nu ne lăudăm". Deci, nu suntem salvaţi de lucrările noastre. Aceasta este problema: oamenii nu vor ca pocăinţa să fie o lucrare pentru că în Scripturi, credinţa şi pocăinţa merg împreună. Dacă o fac, atunci lucrezi. Pentru a evita acest lucru, oamenii nu cheamă la pocăință. Dar nu este cazul. Nu este complicat.

Cum intram? Prin credință. De unde vine credința? Auzind Cuvântul lui Dumnezeu. Când auzi Cuvântul lui Dumnezeu, este ceva în el – este har. Când o auzi, este rema lui Dumnezeu, nu doar logosul. Logosul este cuvântul scris al lui Dumnezeu; rhema este cuvântul proaspăt rostit al lui Dumnezeu. Când vorbim logosul cu Duhul lui Dumnezeu, acesta devine rhema. Și când auzi asta, spui: „Doamne, asta este adevărat!" Grația te-a făcut să vezi ceea ce nu puteai vedea înainte. Tu crezi — este bazat pe credință. Acum, pentru că tu crezi, există o lucrare de făcut pe care nu ai putea-o face înainte fără har.

Ce este harul? Aici se luptă Biserica. Harul este împuternicire divină — Dumnezeu îți dă puterea de a face ceva ce nu poți face. Ești mântuit prin puterea Lui, nu a ta. Nu prin putere, nu prin putere, ci prin Duhul Său. Deci da, trebuie să ne pocăim și mai este de făcut.

„Căci noi suntem lucrarea Lui, creați în Hristos Isus pentru fapte bune, pe care Dumnezeu le-a pregătit dinainte ca să umblăm în ele." Efeseni 2:10

Sunt lucrări bune de făcut pe care nu le-am putea face prin puterea noastră. Deci da, pocăința este o lucrare, dar nu este o lucrare a puterii tale. Este o lucrare a harului Său. Harul te dă putere să vezi că mergi în direcția greșită și, prin puterea Lui, te întorci și mergi pe drumul cel bun. Pocăința este întoarcerea. Mergeai într-o singură direcție, iar Efeseni 2 vorbește despre aceasta: Ai fost cândva ca neamurile, mergând pe drumul tău după prințul puterii văzduhului, un fiu al distrugerii. Dar datorită harului Său, vedeți că Isus este Fiul lui Dumnezeu și El merge pe această cale. Harul te face capabil să te întorci și să-L urmezi.

Pocăința ta – răspunsul tău de a te îndepărta de la a merge pe drumul tău pentru a merge pe calea Lui – a fost pentru că harul Său te-a făcut capabil să vezi și ți-a dat puterea de a te întoarce. Deci, este de lucru, dar nu o poți face singur. Nu prin puterea sau puterea ta, ci prin harul Său. De aceea ești binecuvântat – ai harul Său. Ești binecuvântat. Când crezi pentru că ai auzit cuvântul lui Dumnezeu și harul Său era pe el, ai credință. Biblia spune că în acel moment, ai devenit un copil al lui Dumnezeu. Tuturor celor care cred, El a dat dreptul de a deveni copii ai lui Dumnezeu. În acel moment, Dumnezeu este pentru tine și ești binecuvântat pentru că harul Său a venit. El ți -a dat viață și abilitatea de a merge pe drumul cel bun.

Ceea ce se întâmplă este că începi să te plângi din cauza păcatului tău. Ai o revelație că ai păcătuit. Trăiați într-un anumit fel în lume și nu aveai nicio convingere în acest sens. Așa am fost: am jefuit oameni. M-am gândit: „Oh, tu ai asta și eu nu, dar eu îl vreau, așa că o voi lua și tu poți încerca să faci ceva în privința asta". Am făcut tot felul de lucruri nebunești. Apoi am fost salvat și m-am gândit: "Ce fac? Nu mai pot face asta." Prietenii mei s-au gândit: „Hei, vino cu mine, mergi pe aici", iar eu le-am spus: „Nu pot merge pe acolo. Nu mai pot face asta". Ceva din interiorul meu nu a vrut să facă asta. Am spus doar: „Nu, mulțumesc".

Când anumite lucruri îmi ieșeau din gură, mă gândeam: "Ce a fost asta? Este dezgustător. Nu-mi mai place." Acesta a fost harul Său din mine, mărturisind că sunt un copil al lui Dumnezeu, transformându-mă, dându-mi pocăință și depunând mărturie că sunt în viață acum. El spune: „Cei care Îl urmează, care umblă prin Duhul, sunt copiii lui Dumnezeu".

Aceasta este o altă problemă pe care o are Biserica: Am crezut această minciună care spune: „Cred că sunt un copil al lui Dumnezeu și asta este tot, așa că aștept cerul într-o zi și nu trebuie să mă schimb prea mult." Nu. El spune: „Cei care umblă după Duhul, aceia sunt copiii lui Dumnezeu". Veți găsi asta în Romani, Efeseni, Galateni — iar și iar. Cei care trăiesc după Duhul nu mulțumesc firii. Cei care trăiesc după trup sunt morți, pentru că plata păcatului este moartea, iar trupul numai produce păcat. Dar nu mai facem asta pentru că suntem copiii lui Dumnezeu. Umblăm după Duhul.

Gordon Fee, un teolog uimitor și unul dintre oamenii mei preferați, a spus: „Un creștin este cineva care își dorește cu adevărat să fie unul". Aceasta este definiția mea despre un creștin: cineva care își dorește cu adevărat să fie unul. Adică ai această dorință de a face ceea ce este corect. Dar pentru cei care spun: „Eu cred și știu că Dumnezeu spune să nu faceți asta, nu faceți asta, dar." Iar vocea Lui nu-i convinge deloc, iar ei nu sunt foame și însetați de dreptate – sunt ei cu adevărat un copil al lui Dumnezeu? Ești un copil al lui Dumnezeu. Ești binecuvântat. Ești binecuvântat când îți este foame și sete de dreptate – este rezultatul a ceea ce ești.

Un creștin este cineva care își dorește cu adevărat să fie unul. Cineva care vrea cu adevărat dreptate, care Îl dorește cu adevărat pe Dumnezeu, care vrea cu adevărat să umble în lumină, care vrea cu adevărat să fie liber. Asta este un creștin – cei care vor căuta mai întâi Împărăția Lui și neprihănirea Lui. Acum, trebuie să ne amintim, nu o putem face în forțele noastre. O obținem prin Duhul Său, prin puterea Lui, prin puterea Lui.

Vreau să mă concentrez pe trei lucruri: iubire, smerenie și onoare. Isus, în a doua jumătate a capitolului 5 din Matei, trece prin a doua jumătate a celor Zece Porunci. Prima jumătate a celor Zece Porunci este despre neprihănirea dintre tine și Dumnezeu. A doua jumătate este despre neprihănirea dintre tine și om. Prima jumătate spune: să nu aveți idoli, să nu aveți alți dumnezei, să nu vă închinați și să nu huliți numele Domnului. Toate acestea se referă la iubirea lui Dumnezeu. A doua jumătate se referă la relația dintre tine și vecinul tău. Așa este legea – de aceea a-l iubi pe Dumnezeu și a-ți iubi aproapele împlinește toată legea, pentru că este legată de Dumnezeu și de aproapele tău. (Matei 22:37-40, Romani 13:8-10)

Pentru a descompune acest lucru, Isus face acest lucru în Matei capitolele 5 până la 7. Isus adaugă și câteva lucruri. Capitolul 6 din Matei se referă la neprihănirea față de Dumnezeu – cum te rogi, cum postești și cum dăruiești. Nu o face pentru om, fă-o pentru Dumnezeu. O vei face în secret pentru că Dumnezeu știe ce faci în secret și El te va răsplăti în mod public. Apoi vorbește despre posesiuni – cum te raportezi la posesiuni acum datorită cine ești. Isus îți redefinește relația cu posesiunile, arătând cum te raportezi la lume și la lucrurile materiale ale lumii datorită cine ești. Recapitulând: Isus explică cum te raportezi la Dumnezeu, cum te raportezi la aproapele tău și cum te raportezi la bunurile lumii. Toate acestea sunt acoperite în Predica de pe Munte pentru că El dă din nou legea prin lentila Duhului.

Acum, vreau să vă ofer trei lucruri. Isus spune, fă acest lucru și îl vei împlini pe tot. De multe ori, ne gândim: „Vreau să fac asta, dar nu știu pe deplin cum" și ne lipsesc celelalte două lucruri care sunt rezultatul acestui lucru. Dacă le putem vedea pe toate trei, o vom putea face. Permiteți-mi să vă arăt trei lucruri care au ca rezultat dorința lui Dumnezeu. Din nou, dorința lui Dumnezeu este ca noi să fim una. Aceasta este dorința Lui veșnică. Acesta este motivul pentru care acest lucru este important, pentru că nu vei vindeca bolnavii în veșnicie. Nu vei alunga dracii în veșnicie. Dar vei face ceea ce vorbesc astăzi în eternitate. Ce a spus Isus că împlinește legea? Dragoste.

Primul lucru este dragostea. Dacă înțelegi iubirea, legea va fi ușoară. Una dintre porunci este: „Nu comite adulter". Fariseii au spus: „Da, nu am făcut asta niciodată. Sunt bun." Dar știai că poți fi un nenorocit și să nu comiți adulter? Deci asta nu realizează cu adevărat dorința lui Dumnezeu.

Putem avea această „limită" acolo unde credem că, atâta timp cât nu ies în afara acestei legi, sunt bun – dar ai putea fi totuși un nenorocit în interiorul ei. El spune: „Nu ucide". Știi, poți fi un nenorocit și nu crimă. Isus spune: „Dacă îți poftești soția sau soțul aproapelui tău, chiar dacă o ai în inimă așa cum ți-ai dori, ai făcut-o deja." Începe din inimă. Totul începe în inimă. El ia legea și ți-o aplică inimii. De unde începe Împărăția lui Dumnezeu? Fariseii au vrut să știe când, cum și unde va veni Împărăția lui Dumnezeu. Isus a spus în Luca 17: „Este în tine". Domnia și domnia lui Dumnezeu încep în interiorul tău. La fel și păcatul.

Isus spune că crima începe cu ură. Am putea spune: „Sunt neprihănit pentru că nu am ucis", iar Isus spune: „Dă-mi voie să-ți dau o nouă definiție a dreptății: să nu ai nicio ură în inima ta față de fratele tău". Pentru că scopul este legătura cu fratele tău. Nu poți să-ți ucizi fratele și să trăiești în continuare deconectat? Am eșuat deja atunci, pentru că scopul lui Dumnezeu este conexiunea - este unitatea.

Dacă am pe cineva în viața mea și de fiecare dată când îl văd, mă gândesc: „Nu-l suport. Nu suport ce poartă. Ei cred că sunt atât de speciali. Dar nu i-am ucis, așa că trebuie să fiu încă neprihănit. Isus spune: „Nu așa funcționează. Lasă-mă să te ajut să înțelegi ce am ajuns să fac cu adevărat.

Isus chiar vorbește despre a nu saluta pe cineva. El a spus, când îți saluți doar familia și pe cei care îi plac, la ce folosește asta? Dacă vezi că cineva pe care știi că ți-a greșit, orice ar fi, și pur și simplu te comporți ca și cum nu-l vezi — nu este calea lui Dumnezeu. Poate le vezi în magazin, dar te prefaci că nu ai făcut-o. Treci doar pe lângă ei. Dar ai fi atât de încântat dacă ți-ai vedea profesorul de clasa a doua, pe cineva pe care l-ai iubit absolut, "O,

doamnă Potts, ce mai faci? Vă amintiţi de mine?" Eşti atât de
încântat să-i vezi. Dar cu acea altă persoană, ai ţine capul în jos şi ai
găsi un alt culoar. Isus spune: „Deja ai ratat dorinţa mea, care este
unitatea".

Scopul nu este doar să nu ucizi sau să nu comită adulter.
Scopul este ca tu să ai o conexiune prin iubire sinceră. Dacă nu
avem asta, nu am ajuns deja la dorinţa lui Dumnezeu. De aceea, în
căsătorie, credem că ne descurcăm bine pentru că nu am divorţat.
Dar dacă nu avem dragoste şi conexiune, deja am eşuat.

Acest lucru pune ştacheta atât de sus încât ne gândim: „Am
nevoie de Dumnezeu". Da, o facem. Fariseii credeau că o au fără
Dumnezeu, dar Isus o întoarce astfel încât oamenii să realizeze:
„O, avem nevoie de Dumnezeu". Exact! Nu poţi face asta în
forţele tale — nu prin putere, nu prin putere. Aici ai de fapt
nevoie de Dumnezeu. Mai întâi trebuie să ştii cine eşti, că eşti
iubit şi ales – nu datorită faptelor tale bune, ci datorită Lui. Cred
că aceste trei lucruri – iubirea, smerenia şi onoarea – sunt un fir
din trei fire. Vor produce conexiune. Scopul este unirea cu
Dumnezeu şi cu aproapele tău, în căsnicia ta, cu copiii tăi şi în
toate relaţiile tale. Acesta este scopul. Dar veţi avea nevoie de
aceste trei etice sau trăsături de caracter care alcătuiesc cultura
Regatului pentru a o realiza: iubire, umilinţă şi onoare – în această
ordine.

În primul rând, trebuie să fiu conectat la Iubirea Însuşi, sursa
iubirii. Isus spune: „Rămâneţi în Mine, căci fără Mine nu puteţi
face nimic bun ." Nu poţi face nicio lucrare bună dacă nu rămâi în
El. Ascultă, l-am urmat pe Domnul de peste două decenii şi îţi
spun că am devorat Biblia. Nu mă pot sătura. Mă rog, petrec timp
cu Dumnezeu şi fac toate aceste lucruri. Dar dacă ar fi să mă înde-
părtez de relaţia mea cu Domnul pentru un timp, sau dacă El şi-ar
îndepărta harul pentru un moment, aş avea câteva ore sau zile
distanţă să fiu cel mai mare păcătos pe care îl cunosc.

Aşa ştiu: dacă văd o gogoaşă, ochii şi carnea încep să-mi atragă toată atenţia şi afecţiunea asupra ei. Dacă singur nu am puterea sau puterea de a învinge gogoşi, atunci fără harul Lui, aş fi aşa cu un milion de alte lucruri. Câţi dintre voi cunosc astfel de oameni? Ei primesc un lucru, dar nu este suficient, aşa că au nevoie de altceva.

Asta i-am spus unuia dintre prietenii mei. I-am spus: „Omule, ştiu că te duci după asta şi asta şi asta, dar casa nu va fi suficientă." Încă nu era credincios. Am spus: „În aproximativ un an, vei spune: „Casa asta nu este suficient de mare". Apoi vei avea un copil pe drum. După al doilea copil, vei spune: „Am nevoie de ceva mai mare". Şi aşa îl vei obţine pe acela. Apoi vei avea spaţiu, dar te vei gândi: „Blăturile astea, omule, am nevoie de granit". Nu va fi niciodată suficient şi camionul pe care îl ai cu cauciucuri mari, se ridică, scoate fum când dai cu gazul, turbo şi toate astea... Pur şi simplu, nu va fi suficient.

Aşa suntem despărţiţi de Dumnezeu. În Geneza 11, oamenii construiau oraşe şi se gândeau: „Să construim un turn de dragul nostru şi al numelui nostru". Aceasta este umanitatea. De ce facem toate acestea? Cumva, mulţumeşte ceva - cum se gândesc oamenii despre noi. Când oamenii pleacă în vacanţă, publică o fotografie. Cineva trebuie să fie gelos pe cât de grozave sunt vieţile noastre. Acum, nu spun că este greşit să postezi o fotografie, dar care este motivul? Trebuie să ajungem la miezul problemei.

Această corupţie din inima omului spune: „Am nevoie de aprobarea ta. Am nevoie de laudele tale. Mă face să simt ceva." Dar când suntem mulţumiţi de Dumnezeu, nu vom gândi aşa. Cineva va primi ceva mai bun decât tine, iar tu vei sărbători cu ei. Îl vei lăuda pe Dumnezeu pentru asta pentru că inima ta este deja captivată şi împlinită în El.

Mai întâi trebuie să intrăm sub izvorul iubirii Sale și să rămânem acolo. Dacă înlăturăm izvorul iubirii Sale, vom începe să observăm gânduri în inimile noastre, cum ar fi: „Am făcut toate astea pentru tine și tu nu ai făcut nimic înapoi. Nu ai spus mulțumesc. Nu ai făcut..." Vei începe să te concentrezi pe ceea ce oamenii nu au făcut sau pe ceea ce crezi că Dumnezeu nu a făcut și vei fi concentrat pe ceea ce crezi că ar trebui să fii tratat.

De ce? Pentru că rezervorul tău de iubire se golește și nu rămâi conectat la izvorul iubirii Lui. Îl dăm vina pe Dumnezeu: „Eu am revărsat, iar Tu nu ai turnat înapoi". Dar asta face o inimă coruptă: „Voi ține o evidență a ceea ce îmi datorezi". Dar dacă rămânem conectați la izvorul iubirii, iubirea nu ține evidența greșelilor. De ce? Pentru că este prea concentrat pe Cine este Dumnezeu și ce a făcut El. Ești copleșit de bunătatea Lui și nici măcar nu observi.

Dacă nu sunt mulțumit, o să găsesc pe cineva care ar trebui să mă ajute să mă mulțumească, așa că acum sunt băiatul meu rău. Trebuie să fim mulțumiți de Dumnezeu și să găsim satisfacție în El. Dacă suntem mulțumiți de vizionarea de lucruri online, de cumpărare, de cumpărături sau orice altceva, este pentru că nu suntem mulțumiți acolo unde ar trebui să fim. Și toate acele lucruri vor rugini și vor dispărea. Așa spun Scripturile: Pune-ți comoara în Dumnezeu, unde nu este rugină, nimic de nimicit.

Al doilea lucru este smerenia. Iată cum poți fi umil: opusul smereniei este mândria. Cât de mult urăște Dumnezeu mândria? multe. Dumnezeu se opune celor mândri, dar celor smeriți dă har. Deci, avem nevoie de har – așa facem toate acestea. Știai că înțelegerea cât de mult ești iubit și adâncimea în care s-a dus Dumnezeu pentru a-ți arăta dragostea Lui va produce de fapt smerenie în tine? Înțelegând cât de mult te-a iertat Dumnezeu și cât de mare păcătos ai fost, vei produce ceva în tine. Isus spune: „Cei cărora li s-a iertat mult, iubesc mult".

Singurul motiv pentru care ne străduim să iertăm pe altcineva este pentru că credem că merităm iertarea. Dar, dacă nu uităm niciodată că doar prin harul Său, doar prin mila Lui – că am meritat iadul, dar El a fost milostiv – va produce milă, iubire şi smerenie în inimile noastre. Dacă altcineva face ceva greşit, ne vom aminti: „Da, şi eu am făcut asta". Dacă cineva acţionează în afara identităţii create şi doare, nici măcar neiertarea nu îţi va trece prin minte pentru că îţi aminteşti: „Şi eu am fost acolo".

Nu uita niciodată mila pe care ţi-a arătat-o Dumnezeu şi că singurul motiv pentru care ai dreptate cu Dumnezeu, singurul motiv pentru care ai ceva bun în viaţa ta, este datorită milei şi harului Lui. Asta te va umili.

Acesta este motivul pentru care nu putem câştiga mântuirea, să fim drepţi cu Dumnezeu sau viaţa veşnică. Dacă am putea, am fi mândri de asta. Şi mândria nu este natura sau caracterul lui Dumnezeu – este opusul. Dacă credem că putem avea toate acestea pentru că suntem buni, am ratat-o. Nu, am fost un nenorocit, iar El a fost bun. Mi-a dat milă. Deci, te smeri. Ai o viziune corectă asupra ta.

CS Lewis a spus: „Umilinţa nu înseamnă să te gândeşti mai puţin la tine, ci să te gândeşti mai puţin la tine." Deci nu te gândeşti: „Sunt doar un păcătos nenorocit". Nu, nu, nu. *Am fost, dar nu sunt.* Nu mai sunt cine sunt. Am fost, dar acum nu mai sunt, şi este numai din cauza harului Său. Aşa trebuie să vedem. Dacă nu uiţi niciodată cât a plătit El pentru a te ierta, îţi vei aminti că şi alţii au nevoie de iertare. Este în inima ta să o oferi pentru că ai primit atât de mult.

Îmi este greu să mă relaţionez cu oamenii care spun: „Nu pot să-i iert". Mă gândesc: „Orice ţi s-a întâmplat, cel mai probabil s-a întâmplat şi mie." Trebuie să vedem prin lentila lui Hristos. Ştii când oamenii vorbesc despre a vedea lumea prin ochelari de culoare trandafir? Îmi numesc lentilele ochelarii purpuri. Odată ce îți pui ochelarii purpuri, care reprezintă sângele lui Isus, vezi oamenii prin sângele lui Isus. Isus nu te vede prin păcatul tău; El te vede prin sânge. Tatăl nu te vede prin păcatul tău; El te vede prin sânge. Nu-mi permit să am un gând în mintea mea despre tine pe care Dumnezeu nu îl are despre tine. Singura modalitate de a face asta este să privești oamenii prin sângele lui Isus.

Acest lucru ne duce la a treia parte, onoarea: atunci când ne uităm la oameni, trebuie să începem să prețuim oamenii, pentru că onoarea are legătură cu valoarea. Dar ceea ce se întâmplă este că nu vrem să prețuim anumiți oameni din cauza acțiunilor lor. Dar oamenii nu mai sunt apreciați prin acțiunile lor – sunt apreciați prin sângele lui Isus. Acest lucru va schimba totul.

Să spunem că cineva îmi face ceva. Dar nu îi văd după acțiunile lor — de ce? În al cui chip au fost făcuți și prin sângele cui au fost cumpărați? Dumnezeu crede că merită propriul Său sânge, propria Sa viață. Cel mai mare preț plătit vreodată pe acest pământ a fost sângele lui Isus, iar El l-a vărsat pentru a-i cumpăra. Deci asta merită. Acțiunile lor nu definesc valoarea lor – sângele lui Isus o face. Pot să înțeleg că nu își ridică valoarea, iar dragostea îi ridică întotdeauna pe oameni la valoarea lor.

Deci nu am de gând să le evit; Mă voi îndrepta spre ei cu compasiune pentru a-i ajuta să trăiască conform valorii lor. Nu fi frustrat și gândește-te: „Oh, acea persoană". Nu, nu trăiesc decât ceea ce vrea Dumnezeu pentru ei și au nevoie de ajutor.

Acesta este cordonul cu trei fire de iubire, smerenie și onoare pe care Isus l-a predat și modelat. Permiteți-mi să vă împărtășesc ceva puternic despre onoare. Înțelegem principiul semănării și seceririi: Dumnezeu spune: „Orice vei semăna, vei secera și tu". (Galateni 6:7) Nimeni nu seamănă fără intenția de a secera. Asta e o prostie; este proasta administrare. Semeni cu scopul de a culege ceea ce semeni. Dar există ceva mai mare decât asta și se numește moștenire, în care culegi ceea ce nu ai semănat. Iar moștenirea se accesează prin onoare.

Ceea ce semeni este onoare, iar ceea ce culegi este ceea ce este în viața lor. Singura modalitate din Scripturi de a primi o moștenire este prin onoare. Domnul spune,

> *„Cinstește pe tatăl tău și pe mama ta, pentru ca zilele tale să se lungească pe țara pe care ți-o dă Domnul, Dumnezeul tău." Exod 20:12*

Cinstește pe Tatăl și pe Fiul și vei primi viața veșnică. Este o moștenire. Suntem moștenitori împreună cu Hristos. Calea către Împărăție este prin onoare. Îl vezi pe Isus așa cum este El, îl onori și primești o moștenire. După cum a spus Isus,

> *„Cine primește un profet în numele unui profet va primi răsplata unui profet; și cine primește un om drept în numele unui om drept, va primi răsplata unui om drept." Matei 10:41*

Isus vine ca un profet, Cuvântul lui Dumnezeu. Onorăm asta și primim o moștenire. Știți ce înseamnă comoștenitori? Moștenirea Lui este moștenirea ta, dar nu ai obținut-o prin lucrarea ta – ai obținut-o prin lucrarea Lui. Ai moștenit ceea ce a câștigat El, adică viața veșnică. Așa că singura cale prin care ați venit în Împărăție a fost prin onoare. Ai recunoscut valoarea lui Isus, cine a fost El cu adevărat – Fiul lui Dumnezeu – și ai crezut. L-ai onorat ca atare și ai cules lucrarea Lui. Ai moștenit viața veșnic.

Lasă-mă să-ți spun ceva: ai tot de ceva, dar nu totul. Și de aceea ai nevoie de onoare. Aveți toată dragostea Tatălui, dar sunt și alte lucruri de care aveți nevoie în această viață. El nu îți dă totul. El îți dă toată dragostea Lui. El ne dă tuturor nişte lucruri. În Efeseni 4, El spune, o credinţă, un botez, un Domn, un Duh etc. Apoi spune, conform harului pe care ţi l-a dat. Deci nu toţi sunt la fel. El spune: „Sunteţi cu toţii una", dar nu sunteţi toţi la fel, pentru că El a dat diferite haruri – apostoli, profeţi, evanghelişti, pastori şi învăţători.

Deci ai tot din ceva (dragoste), dar nu totul. Singura modalitate de a-l obţine este prin onoare şi singurul mod în care vei onora este dacă te priveşti pe tine însuţi în mod corespunzător şi îi priveşti pe ceilalţi în mod corespunzător. Asta vine prin smerenie. Singura modalitate de a merge în plinătatea acestui lucru este să ştii cine eşti şi să te smeri, pentru că vei face greşeli. Te vei deplasa uneori din calea urmăririi Duhului, pentru că înveţi cum să umbli prin Duhul. Eşti un copil al lui Dumnezeu şi copiii trebuie să crească şi să se maturizeze. Înveţi şi este un proces. Dumnezeu îţi dă harul să te întorci şi să încerci din nou.

Dar dacă te duci şi te ascunzi, nu te vei smeri, pentru că ţi-e frică de ceea ce vor spune oamenii. Aşa că vă ascundeţi greşelile şi faptele în loc să le expuneţi, aşa cum spune Scriptura. Eşti un copil al lui Dumnezeu – nu mai trebuie să te ascunzi. Singura modalitate de a le expune este prin smerenie. Iată ceea ce spunem în Şcoala noastră de Slujire: smerenia este primul lucru în mersul către libertate. Smeriţi-vă. Numărul doi, sinceritate. Dezvăluie lucrările întunericului din propria ta viaţă. Expune-le. El spune că suntem copiii luminii, aşa că umblă în lumină. Cei care spun că nu au păcătuit niciodată sunt mincinoşi, spune Scriptura.

Modul în care împliniţi prima şi a doua poruncă este prin iubire, dar veţi avea nevoie de aceste alte două lucruri: smerenie şi onoare. Nu uita niciodată preţul care a fost plătit efectiv şi care au fost fărădelegile, fărădelegile şi păcatele tale şi cum te-a tratat Dumnezeu în mijlocul lor. Tratează-i pe alţii la fel – ar trebui să fim ca Tatăl nostru .

Permiteți-mi să vă spun cum este Tatăl vostru Ceresc: Scripturile spun că El a fost soțul, iar Israel a fost mireasa. El a pus un profet (Osea) să stea în poziția Lui și să spună: „Căsătoreşte-te cu femeia aceea, Gomer. Ea este ca Israelul". Când s-a căsătorit cu ea, ea a plecat şi s-a culcat cu alți oameni. Dumnezeu i-a spus profetului: „Du-te şi adu-o înapoi, chiar dacă te-a părăsit". Acest lucru se întâmplă din nou. Până la urmă, când nu mai are valoare — nimeni nu mai vrea să o cumpere ca prostituată; vor să o cumpere ca servitoare, poate să măture şi să curețe — valoarea ei de prostituată a dispărut. Ea a fost epuizată. Acum, ea merită doar să fie slugă, iar Dumnezeu spune: „Du-te şi ia-o".

Aşa este Tatăl tău când te simți ca Gomer, când simți că ai plecat sau poate când simți că eşti căsătorit cu Gomer – cineva care a făcut pornografie sau mai rău. Ar trebui să fim ca Tatăl nostru . Ce face şi spune Tatăl tău ? „Du-te să o ia." Gândeşte-te la povestea Bunului Samaritean în contextul duşmanului tău. Cel din şanț şi cel care vine să-l ajute pe cel care a fost tratat prost. Am fost tratat prost de multe ori, dar stacheta pe care Dumnezeu mi-a pus-o pentru mine a fost: "Tom, tu ai fost odată cel din şanț şi te-am scos afară. Nu trece pe lângă — chiar şi inamicul tău, cel care te-a tratat aşa. Scoate-i". Aşa este Dumnezeu. Aşa a fost Isus. El a fost tratat ca un samaritean, ca un câine, chiar de oamenii pentru care murise şi El spune: „Iartă-i, Părinte".

Ce zici de Tatăl ? Poate te lupți cu copiii tăi. Poate cu părinții tăi. Priviți povestea fiului risipitor şi îmbrățişarea Tatălui . Aşa este Dumnezeu şi Isus spune că aşa este legea. Există o nouă lege.

„Purtați-vă poverile unii altora şi astfel împliniți legea lui Hristos". Galateni 6:2

Legea lui Hristos este iubirea. Dar trebuie să ne amintim ce a făcut dragostea pentru noi. Am fost cândva Gomer. Noi am fost

cândva cei din şanț. Am fost cândva risipitorii. De fiecare dată
când eram de partea rea, Tatăl era de partea cealaltă, făcându-ne
bine de fiecare dată. El spune: „Acum, fă la fel". Poate că trebuie să
petreci timp pocăindu-te şi întorcându-te de la păcatul tău. Tu ai
fost cel din blocul de licitație. Tu ai fost cel din şanț. Tu ai fost cel
care a plecat, iar Tatăl spune: „Te primesc înapoi". Acceptă mâna
Sa milostivirii pentru a te scoate afară.

Dacă ai oameni în viața ta cu care nu vrei să vorbeşti, El îți
spune: „Întinde-ți mâna". El spune: Dacă eşti la altar, aducând o
ofrandă şi îți aminteşti că nu ai legătură cu cineva şi alegi să fii de
acord cu asta, lasă-ți ofranda. Du-te şi împacă-te, apoi vino şi adu-
ți darul. M-am pocăit față de oameni despre care alții ar crede că
trebuie să se pocăiască față de mine, pentru că am un rol de jucat
în asta. Nu mă voi uita la partea lor – mă voi uita la a mea.

Acest lucru nu este uşor. Vom avea nevoie de harul lui
Dumnezeu. Nu spune că eşti un copil al lui Dumnezeu şi nu
trăieşti ca unul. El spune,

> *„Dar dacă nu iertați oamenilor greşelile lor, nici Tatăl vostru nu*
> *vă va ierta greşelile voastre." Matei 6:15*

Unitatea vine atunci când cealaltă persoană se pocăieşte, dar
iertarea este deja în inima ta, gata să fie folosită. Nu spun că dacă
cineva face ceva greşit, ar trebui să te arunci în situație dacă nu se
pocăieşte. Tatăl are deja iertarea în inima Sa față de copiii Săi, dar
El se întinde şi el. Deci, trebuie să avem iertare în inimă şi să ne
întindem. Ei trebuie să ajungă înapoi cu pocăința.

Este uşor de spus, greu de făcut, dar harul Lui este suficient.
Trebuie să învățăm cum să stabilim granițe conform Împărăției
pentru a aduce răspunsul Împărăției, care este reconcilierea. El
vrea ca tu să fii un ambasador al Împărăției Sale ca ministru al
reconcilierii. Să-i cerem lui Dumnezeu har. Ai nevoie de har; Am

nevoie de har pentru a fi o persoană care iartă de şaptezeci de ori şapte. Să fim cineva care fuge în lumină, deşi ne este frică. Ce se va întâmpla? Ce vor spune oamenii? Nu vă faceţi griji pentru asta – este vorba despre Tatăl. Nu vă faceţi griji pentru oameni; foame şi sete de dreptate. Nu-ţi face griji cum vor răspunde oamenii la ceea ce ai făcut în întuneric. Tatăl are braţele larg deschise. Ai nevoie de har.

Roagă-te cu mine: *Tată Ceresc, îţi rog să-mi dai din belşug de har, am nevoie de harul tău. Am nevoie de el ca să iert, să iubesc, să merg şi să rămân umil, am nevoie de el pentru a fi o persoană de onoare şi a trăi onorabil. Ţesu-i cele trei fire de iubire, umilinţă şi onoare în viaţa şi caracterul meu. Fii milostiv cu mine şi fă-ţi faţa să strălucească asupra mea. Condu-mă după spiritul tău şi umple-mă de pacea ta. Fie ca Tu să ne binecuvântezi şi să ne păstrezi Doamne, În numele lui Isus, amin.*

Întrebări de discuție

1. Cum vă schimbă modul în care vă schimbați atenția de la Evanghelia mântuirii la Evanghelia Împărăției înțelegerea rolului și a scopului vostru ca credincios? În ce moduri îmbrățișarea Evangheliei Împărăției vă poate da putere să trăiți o viață creștină mai activă și cu impact?

2. Ce înseamnă pentru tine faptul că Isus ne declară neprihăniți mai întâi și cum vă afectează aceasta abordarea de a trăi drept? Cum te poate ajuta recunoașterea imperativului înaintea indicativului să te bazezi mai mult pe harul lui Dumnezeu decât pe propriile tale eforturi?

3. Ce pași practici puteți face pentru a demonstra iubire, umilință și onoare în relațiile voastre, pentru a stimula unitatea și conexiunea? Există zone sau relații specifice în viața ta în care practicarea iertării sau prețuirea altora așa cum face Dumnezeu este o provocare? Cum vă pot ajuta principiile discutate în acest capitol să abordați aceste provocări?

6

TRONUL REGATULUI

Cred cu adevărat că viețile noastre ar arăta ca Noul Testament dacă am înțelege că suntem într-o împărăție și că avem un Împărat. Am avut un Regat al Întunericului care domnește și domnește peste noi. Oamenii spun: „Dacă Dumnezeu este bun, atunci cum de se întâmplă lucruri rele și oamenii mor?" Spun, împărăția întunericului este atât cum, cât și de ce. Întunericul este real și este un adevărat regat.

Dumnezeu a făcut un pământ bun și El a spus că este bun. El l-a creat pe om după asemănarea Lui și s-a bucurat de părtășie și comuniune cu omul. El a văzut că omul era singur și a spus că nu era bine. Prin urmare, i-a dat bărbatului o soție frumoasă și au umblat goi prin pământ împreună. Fără rușine. Doar distrandu-se. Nu știu despre tine, dar asta pare un pământ bun. M-aș gândi: „Este uimitor!".

Atunci a venit Satana, acel mic mincinos. El a început să mintă și să-i determine pe Adam și Eva să privească lucrurile și să le vadă în felul lui, spre deosebire de felul în care le vede Dumnezeu. El a început să planteze semințe de îndoială – poate că Dumnezeu nu era atât de bun pe cât părea. Poate că El a reținut ceva de la ei.

Poate că era mai multă bunătate pe care Dumnezeu nu le dădea cu adevărat. Satana a sugerat că, dacă i-ar urma calea, ei vor găsi binele pe care Dumnezeu îl fereşte de ei.

El a arătat spre un copac pe care Dumnezeu a spus să nu-l atingă – pomul cunoaşterii binelui şi a răului – spunând: „Dumnezeu ştie că vei fi ca El dacă mănânci din asta". Erau deja ca El; Dumnezeu i-a făcut după asemănarea Lui. Dar ei au ascultat acea voce şi avem probleme când ascultăm vocea greşită. Ei şi-au înclinat urechile spre vocea greşită şi au început să perceapă că ceea ce a spus Satana era adevărat pentru că ei nu ascultau vocea adevărului.

Ai grijă pe cine asculţi — fii atent. Pentru că chiar şi cei care au umblat cu Dumnezeu – Adam şi Eva, care au umblat fizic cu Dumnezeu pe pământ – L-au putut auzi venind, totuşi puteau fi înşelaţi şi să meargă pe o cale greşită. Ai grijă la cine şi ce asculţi. Există drojdie în ea.

Au luat din copac şi a făcut să se întâmple ceva: moartea a intrat în lume. Biblia spune că consecinţa păcatului este moartea. Moartea a intrat în lume şi acest blestem al morţii a venit asupra întregii omeniri. Motivul pentru toată răutatea, rănirea, durerea şi trauma din viaţa noastră este împărăţia lui Satan şi întunericul. Dar, Dumnezeu a început să şoptească despre un Rege care va veni şi va pune capăt acelei împărăţii. Creaţia a aşteptat un rege, iar numele regelui este Dumnezeu — Yahweh.

Dumnezeu avea să redevină Regele nostru — Împărat peste cei pe care i-a făcut după asemănarea Sa. Cei pe care El îi iubeşte şi despre care El a spus că sunt buni. El a spus: „Voi face din nou bine. Voi pune capăt terorii întunericului şi voi aduce din nou bunătatea Mea pe pământ".

Israelul devine poporul prin care Dumnezeu aduce această

promisiune. El îi spune lui Avraam: „Am să te binecuvântez pentru ca toate neamurile să fie binecuvântate prin tine". El merge la israeliții din Egipt și îi atrage afară. El le dă pământul lor, spunând: „Va fi atât de bine. Vă voi aduce înapoi într-o grădină în care curge lapte și miere". Dar, când intră în pământ, o fac din nou. Ei se îndepărtează de Dumnezeu, urmând calea șarpelui – Satana – și încep să asuprească, să abuzeze și să facă lucrurile în felul lor. Dumnezeu nu era încă Rege pentru ei.

Ei au zis: „Dă-ne un rege care să ne stăpânească". Dumnezeu se gândește: „Am crezut că sunt regele tău". Samuel s-a simțit respins, dar Dumnezeu a spus: „Ei nu te resping, Samuel. Ei Mă resping încă o dată". Așa că, Dumnezeu i-a predat dorinței lor, lăsându-i să-și facă drumul.

Omul încă nu aflase că omul nu se pricepe la domnie. Dumnezeu spune: „Te voi preda propriei tale domnii". Rezultatul a fost păcatul, moartea și răul, ducând înapoi la robie. Babilonul i-a luat, la fel ca Egiptul, și i-a pus în lanțuri. Așa arată domnia umanității atunci când un om este la conducere – păcatul, moartea și răul – din cauza inimilor corupte.

Dar Dumnezeu a continuat să șoptească despre Cel care va veni, Regele uns, care va lua pământul și va domni peste el. Domnia lui va fi o domnie a dreptății, iubirii, milei și bunătății. Apoi apare Isus. Citim genealogia oamenilor care au dat naștere acestei persoane care acum este un prunc într-o iesle. Cum se poate naște un rege într-un jgheab? Ce fel de rege este acesta? El este unul umil — un rege blând. El nu va veni ca regii umani care se înalță asupra oamenilor. Nu, El se va înălța pe Sine însuși peste moarte, astfel încât să ne poată înălța înapoi la locul nostru de drept cu El.

Acesta este Regele care a venit pe pământ pentru a-și salva poporul de păcatele lor, de moarte și de decădere. Biblia spune în

Romani capitolul 3 că toţi au păcătuit şi nu au ajuns la standardul glorios al lui Dumnezeu. Este posibil ca Dumnezeu să ne privească şi să ne aducă la nivelul de intimitate pe care şi-l dorea El? Cum ar putea fi?

Vreau să vă vorbesc în acest capitol despre cruce – despre ce a făcut Isus pentru voi, despre costul comuniunii cu Hristos. Ce s-a întâmplat cu adevărat pe cruce?

„Să venim deci cu îndrăzneală la tronul harului, ca să dobândim milă şi să găsim har pentru a ajuta la vremea nevoii". Evrei 4:16

Aceasta este dorinţa pe care toţi o avem în inimile noastre. Vrem să venim la tronul lui Dumnezeu. Este un tron al harului – acesta este tronul Dumnezeului nostru. El a spus: „Să venim deci cu îndrăzneală la tronul harului". Aceasta se leagă de întrebarea: „Dacă Dumnezeu nu poate privi păcatul, cum s-ar putea să vin la tronul harului şi să cer milă?"

„Pe Cel ce n-a cunoscut păcatul L-a făcut păcat pentru noi, ca să fim neprihănirea lui Dumnezeu în El." 2 Corinteni 5:21

Am citit Leviticul 16 şi lucrurile încep să aibă sens. Ar fi un preot care ar lua un miel şi ar pune păcatul lui Israel asupra mielului. Ei îşi puneau mâinile şi împărtăşeau, sau imputau, nelegiuirea, nelegiuirea şi păcatul naţiunii asupra acestui animal, apoi îl ucideau. Preotul îşi înmuia mâna în sânge şi o stropea de şapte ori peste capacul ispăşirii de pe vârful chivotului legământului, care era tronul lui Dumnezeu. El o stropi de şapte ori pentru a ispăşi păcatul pus asupra animalului.

Pentru că păcatul duce la moarte, cineva trebuie să moară. Ei au pus păcatul asupra acestui miel şi i-au luat viaţa, iar curăţia mielului le-a fost împărtăşită. Există un schimb – păcatul este pus pe acesta, astfel încât neprihănirea să poată fi pusă asupra celuilalt.

Păcatul a fost pus asupra lui Isus. Cel care nu cunoştea păcat, i-a pus păcatul pentru ca noi să devenim neprihănirea lui Dumnezeu. Doamne, Isus este Rege! Ce fel de rege? Un rege slujitor, unul care ar muri pentru poporul Său.

> *„Eşti vrednic să iei sulul şi să-i deschizi peceţile, căci Tu ai fost ucis şi*
> *ne-ai răscumpărat lui Dumnezeu prin sângele Tău din orice*
> *seminţie, limbă, popor şi neam, şi ne-ai făcut împăraţi şi preoţi*
> *pentru Dumnezeul nostru şi vom împărăţi pe pământ." Apocalipsa*
> *5:9-10*

Vezi ce s-a întâmplat? Odată am domnit cu Dumnezeu. Noi am dat domnia noastră Satanei, iar Satana a domnit. Vrei să ştii cum arată domnia lui Satana? Cele mai întunecate, cele mai rele lucruri posibile pe care le vezi pe pământ - lucrurile pe care ţi-ai dori să dispară. Aşa arată domnia lui. Toate lucrurile bune se coboară din cer – de la Dumnezeu – şi orice lucru întunecat şi rău vine de la Satana.

Există o răutate pe acest pământ care este dincolo de imaginaţie. De exemplu, în Germania nazistă, luau bebeluşi şi îi aruncau pe ferestrele clădirilor cu două sau trei etaje. Luau bebeluşi şi îi aruncau pe ferestre, iar oamenii îşi priveau copiii murind pe pământ. Aceasta este răutatea lui Satana care posedă oamenii. Este dincolo de a înţelege cât de rău este Satana. Aşa arată regatul lui - este atât de întunecat şi teribil încât nu ţi-l poţi imagina. Este atât de groaznic încât nu mi-aş dori să fiu aici dacă împărăţia întunericului nu s-ar fi încheiat.

Aceasta era împărăţia care avea să mă stăpânească pentru totdeauna – până la Isus. Până la venirea lui Isus, aceasta urma să fie domnia pământului. Dacă nu va veni Dumnezeu să ia pământul înapoi, şi El ar trebui să moară pentru a o face. Cineva trebuia să plătească pentru păcat. Jertfele de animale nu erau ceea ce i-a plăcut lui Dumnezeu. Că în fiecare an trebuia să se întâmple o jertfă – sacrificiu după sacrificiu, moarte după moarte – nu a fost ceea ce dorea El. Îşi dorea viaţă. De ce? Pentru că Dumnezeu nu vrea moartea iar şi iar – El vrea viaţă.

„ Marele nostru Dumnezeu şi Mântuitor Iisus Hristos, care S-a dat pe Sine Însuşi pentru noi, ca să ne mântuiască de orice faptă fără de lege şi să-şi cureţe pentru Sine poporul Său deosebit, plin de râvnă pentru fapte bune". Tit 2:13-14

El ne-a răscumpărat – nu ca să fim zeloşi pentru împărăţia întunericului – ci să fim zeloşi pentru bine. El ne-a izbăvit de orice lucru fără lege şi ne-a curăţit ca pe un popor pentru Sine, un popor care iubeşte binele.

„Aşa să spună cei răscumpăraţi de Domnul, pe care El l-a răscumpărat din mâna vrăjmaşului". Psalmul 107:2

Trebuie să o declarăm: eu am fost odată în mâna duşmanului, dar Cineva I-a lovit mâna şi a spus: „Nu azi, Satana!". Şi apoi acel Cineva a avut propriile Lui mâini lovite pentru a ne elibera de mâna duşmanului. M-a eliberat din mâna inamicului. Eu sunt răscumpăratul Domnului! Noi suntem cei răscumpăraţi ai Domnului!

„Aşa vorbeşte Domnul, care te-a creat, Iacob, şi Cel ce te-a format, Israele: Nu te teme, căci Eu te-am răscumpărat; te-am chemat pe numele tău, eşti al Meu." Isaia 43:1

Satan, nu poţi să-l ai pe acesta. „Tu eşti al Meu", spune Domnul. El te-a răscumpărat.

„Te voi izbăvi din mâna celor răi şi te voi izbăvi din strânsoarea celor groaznici." Ieremia 15:21

„Îi voi răscumpăra din puterea mormântului; îi voi izbăvi de la

moarte. O, Moarte, voi fi urgiile tale! O, Mormânt, voi fi nimicirea ta! Mila este ascunsă de ochii Mei". Osea 13:14

El spune: „Te voi izbăvi de la moarte, iar Moartea, eu voi fi moartea ta". O, ce rege! Moartea a stăpânit odată peste noi până când un nou rege a venit să conducă. Moartea a încercat să stăpânească peste El, dar nu a fost suficient de puternică. O, ce rege!

„Nu știți că cărora vă prezentați robi pentru a asculta, sunteți robii aceluia căruia îi ascultați, fie ai păcatului care duce la moarte, fie ai ascultarii care duce la neprihănire?" Romani 6:16

Oricine alegi să slujești va fi stăpânul tău. Știți că Dumnezeu i-a spus lui Moise să meargă să-i spună lui Faraon: „Lasă pe poporul Meu să plece, ca să-Mi slujească?" Lasă poporul Meu să plece, ca să- Mi slujească. Ai de ales acum. Cărui regat vrei să slujești – păcatul care duce la moarte sau neprihănirea care duce la viață?

Putem alege acum. Există două regate și trebuie făcută o alegere. Poți fi mântuit din păcat și poți alege să slujești dreptatea, sau poți continua în păcat și te înșeli, crezând că faci parte dintr-o împărăție dreaptă, în timp ce viața ta nu arată niciun rod sau dovezi ale acelei împărății. Sau, te poți pocăi de păcatul tău. Aceasta este calea Împărăției – este o viață de pocăință. Înseamnă să spună: „Nu, moartea nu este a mea și păcatul nu este al meu. Sfințenia și neprihănirea — acestea sunt ale mele. Eu slujesc unui rege sfânt".

„De aceea, când a venit în lume, a zis: „Nu ai dorit jertfa și jertfa, ci un trup Mi-ai pregătit. În arderile de tot și jertfele pentru păcat, n- ai avut plăcere". Atunci am zis: „Iată, am venit – în volumul cărții este scris despre Mine – să fac voia Ta, Doamne." Evrei 10:5-7

Acesta este Isus care vorbeşte. Jertfa de tauri şi capre nu i-a plăcut lui Dumnezeu, dar El I-a dat ceva care Îi va plăcea — propriul Său trup, Isus Hristos Însuşi devenind jertfa.

„Spunând mai înainte: „Jertfa şi jertfele, arderile de tot şi jertfele pentru păcat nu le-ai dorit şi nici nu ai avut plăcere" (care sunt oferite conform Legii), apoi a zis: „Iată, am venit să fac voia Ta, Dumnezeule". El îl ia pe cel dintâi, ca să-l întemeieze pe al doilea, prin aceea voia, noi am fost sfinţiţi prin jertfa trupului lui Isus Hristos o dată pentru totdeauna". Evrei 10:8-9

Când spune „a face voia Ta", El vorbeşte despre voinţa de a oferi trupul Său.

„Şi fiecare preot stă slujind în fiecare zi şi aduce în mod repetat aceleaşi jertfe, care nu pot înlătura niciodată păcatele. Dar Omul acesta, după ce a adus o jertfă pentru păcate pentru totdeauna, s-a aşezat la dreapta lui Dumnezeu, de atunci aşteptând până când vrăjmaşii Săi vor fi puşi aşternutul picioarelor Lui. Căci printr-o singură jertfă El i-a desăvârşit pentru totdeauna pe cei ce sunt sfinţiţi. „Iată legământul pe care îl voi încheia cu ei după acele zile, zice Domnul: Voi pune legile Mele în inimile lor şi în mintea lor le voi scrie", apoi El adaugă: „Nu-mi voi mai aduce aminte de păcatele lor şi de faptele lor fără de lege". Acum, acolo unde este iertarea acestora, nu mai este jertfă pentru păcat. De aceea, fraţilor, având îndrăzneală să intrăm în Prea Sfântă prin sângele lui Isus, pe o cale nouă şi vie, pe care El a sfinţit-o pentru noi, prin vălul, adică trupul Său, şi având un Mare Preot peste casa lui Dumnezeu, să ne apropiem cu o inimă adevărată de credinţă şi cu conştiinţa plină de credinţă. trupuri spălate cu apă curată, să ţinem neclintit mărturisirea nădejdii noastre, căci Cel ce a promis este credincios". Evrei 10:11-23

Iată ce se întâmplă: Isus a făcut o cale ca sângele Său să ne spele păcatele. Trupul lui Isus este templul — este templul. Isus a spus: „Dărâmați templul acesta și în trei zile îl voi ridica" (Ioan 2:19). El spune că ajungem să trecem prin vălul, care este trupul Său, spălat de sângele Său, și să intrăm în locul sfânt.

Dacă Dumnezeu este sfânt, nu putem intra în acel loc. Mâinile noastre sunt necurate, dar mâinile Lui au fost străpunse și sângele Lui a ieșit pentru ca al nostru să fie curățat. Știți că Isus și-a vărsat sângele în șapte locuri – de șapte ori? De câte ori trebuie preotul să ia sângele și să-l stropească? De șapte ori. Isus și-a vărsat sângele de șapte ori ca ispășire — peste tot Ierusalimul.

Trupul Lui este templul, El este preotul și El este mielul. Carnea Lui este vălul. Trupul Lui a fost rupt, astfel încât vălul să poată fi rupt, permițându-ne să intrăm. Sângele Lui a fost vărsat pentru a ispăși păcatele voastre, astfel încât să puteți intra cu El. El este preotul care face jertfa, El este mielul care este jertfa, El este vălul care se sfâșie și El este capacul milei pe care se varsă sângele.

El a împlinit ceea ce trebuia să fie împlinit în Sine, pentru ca tu să poți deveni premiul Lui. Ce fel de rege este acesta? Un rege al cărui tron este o cruce și a cărui coroană este una de spini. De ce? Pentru că blestemul asupra omului a fost că va munci și va trudi prin sudoarea frunții lui – iar Isus asuda sânge pentru a ispăși și a rupe acel blestem. Pământul avea să producă spini, iar El i-ar lua drept coroană pentru a rupe și blestemul de pe noi.

Ce rege este acesta – un rege care ar lua o coroană de spini ca să ne dea o coroană. Știi că El îți va da o coroană? Ce fel de rege este acesta? Acesta este un rege, spre deosebire de conducătorii acestei lumi, care stăpânesc asupra oamenilor. Nu, El a devenit un slujitor. El ne modelează cum arată această împărăție – o împărăție a serviciului. El ne-a eliberat din robia Egiptului ca să-I putem sluji. El ne-a eliberat de teroarea întunericului, de mâna celor răi și de moartea însăși, pentru ca să putem sluji și domni peste acest pământ cu bunătate, nu cu răutate, nu cu rău.

A murit. El a luat răul asupra Sa pentru a ne putea da viață, bucurie şi pace în Duhul Sfânt. Acesta este Dumnezeul nostru – Cel care a făcut din tronul Său o cruce, care a făcut din coroana Lui o coroană de spini şi care a luat batjocura noastră asupra Sa. Prin sângele lui Isus suntem sfințiți şi prin carnea Lui suntem vindecați. Prin carnea Lui, putem merge în văl, în locul sfânt, permițând sângelui Său să ne spele.

Întrebări de discuție

1 . Cum vă influențează recunoașterea lui Isus ca Rege și Răscumpărător înțelegerea sacrificiului Său de pe cruce? În ce mod influențează această înțelegere relația ta personală cu El și viața ta de zi cu zi?

2 . Care sunt unele zone din viața ta sau din lume în care vezi influența Regatului Întunericului? Cum poate îmbrățișarea victoriei lui Isus asupra întunericului să vă împuternicească să abordați aceste domenii?

3 . Capitolul menționează alegerea între slujirea păcatului care duce la moarte sau ascultarea care duce la neprihănire. Ce pași practici puteți face pentru a alege în mod constant să slujiți Împărăția lui Dumnezeu? Cum poți întruchipa a fi „zelos pentru fapte bune" în comunitatea și sferele tale de influență?

7

VIAȚA ÎMPĂRĂȚIEI

În prima zi a săptămânii, dis-de-dimineață, ei și alte femei cu ei au venit la mormânt, aducând mirodeniile pe care le pregătiseră. Dar au găsit piatra rostogolită de pe mormânt. Apoi au intrat și nu au găsit trupul Domnului Isus. Și sa întâmplat, pe când erau foarte nedumeriți în legătură cu aceasta, că iată doi bărbați stăteau lângă ei în haine strălucitoare. Atunci, cum se temeau și se închinau cu fața la pământ, le-au zis: „De ce căutați pe cel viu printre morți? El nu este aici, ci a înviat! Aduceți-vă aminte cum v-a vorbit când era încă în Galileea, spunând: „Fiul omului trebuie să fie dat în mâinile oamenilor păcătoși, să fie răstignit și să înviați a treia zi." Luca 24:1-7

Căutau morții. Întrebarea a fost, de ce cauți pe cei vii printre morți? Dar, ei îi căutau pe morți printre morți — nu l-au înțeles. Le-a ratat cine a fost Isus și cred că unora dintre noi le-a ratat cine este Isus cu adevărat. Mulți oameni ar putea spune: „Sunt un credincios, cred în Isus", dar poate le este dor de cine este Isus cu adevărat.

Ucenicii au petrecut trei ani umblând cu Isus, mâncând cu El, privindu-L făcând lucruri de neconceput, și totuși se află la un mormânt în căutarea celor vii printre morți. Au ratat-o. Nu vreau să-l ratez și nici nu vreau să-l ratezi. Vreau să vedem cine este Isus cu adevărat astăzi.

La început, Dumnezeu a creat o lume bună. El a spus că este bine și El nu minte — El nu știe să mintă. El este adevărul și adevărul. El a spus că este bine și, în lumea bună, după ce a făcut pământul, mările, cerurile, păsările care zboară și creaturile care se târăsc, El a modelat o altă creație, ceva care să-I aducă plăcere într-un mod diferit decât restul creației. Din praful pământului, El a creat omul. El l-a făcut pe om după asemănarea Lui și a suflat în nări suflare de viață. Dumnezeu a avut părtășie cu omul. Dar, omul s-a separat de Dumnezeu. În răzvrătire, au păcătuit. Biblia spune că plata păcatului este moartea și toți oamenii au păcătuit, așa că toți mor. Dumnezeu a decis să-și facă propriul plan de a răscumpăra omenirea, de a ne readuce într-o relație cu Sine. El a spus că o sămânță va veni să zdrobească capul celui care i-a înșelat să se răzvrătească în păcat și să provoace în cele din urmă moartea. Se naște speranța omenirii că cineva va veni să-i elibereze de dușmanul lor. Dumnezeu a făcut un legământ cu Avraam, spunând: „Avraam, te voi binecuvânta și toate neamurile vor fi binecuvântate prin tine".

Apoi vine David. David este uns rege peste descendenții lui Avraam. El este din neamul lui Iuda. Dumnezeu îi spune lui David: „Când te vei odihni cu strămoșii tăi, eu îl voi aduce pe acela și El va ședea pe tronul tău pentru totdeauna. Împărăția Lui nu se va sfârși niciodată. Îl voi numi „Fiul Meu." În Israel începe să se ridice speranța pentru un eliberator – un Mântuitor, un Împărat care să stea pe tronul lui David . ar stăpâni pentru totdeauna și ne va izbăvi de dușmanul nostru?

Isus a început să spună: „Eu sunt înaintea lui Avraam". Să fi venit Dumnezeu în acest om, să ne izbăvească de vrăjmașul nostru, să domnească într-o împărăție pentru totdeauna? El a anunțat:

„Împărăția lui Dumnezeu este aproape", El i-a vindecat pe bolnavi și i-a eliberat pe captivi, așa cum a spus că va face cu 600 de ani înainte prin profetul Isaia. El a atras mulțimi de oameni ale căror speranțe au început să crească și să se ridice și să se ridice. Mântuitorul este aici. Noi Îl cunoaștem. Numele Lui este Isus și ei L-au urmat.

Isus a spus: „Cine spun ei că sunt?" Răspunsul lui Petru a fost: „O, unii spun asta, dar noi știm că Tu ești Fiul lui Dumnezeu, Mântuitorul lumii. Noi știm asta". El a spus: „Tatăl v-a arătat aceasta. Nimeni nu v-a descoperit aceasta. Dumnezeu v-a arătat aceasta".

Apoi, într-o noapte confuză, Isus este trădat de propriii Săi urmași. El este pironit pe crucea unui criminal, acuzat de lucruri pe care El nu le-a făcut niciodată. Dar în verdict, Pilat a spus: „Este nevinovat: Îl voi lăsa să plece". Dar, israeliții – chiar poporul pentru care El a venit, descendenții lui Avraam – au spus: „Nu, răstignește-L! Ucide-L. Nu-L vrem. Să cadă sângele Lui pe mâinile noastre." Și L-au biciuit și L-au pironit pe o cruce și L-au răstignit.

Deasupra crucii, scria: „Împăratul iudeilor". Acest Rege nu a devenit Rege așa cum regii lumii devin regi – cu putere și forță – ci în schimb cu sacrificii. În loc de un tron de aur, El a avut unul de lemn. În loc să lupte cu dușmanul Său cu fierul, El L-a luptat cu lemnul – o cruce. El a fost întronat pe cruce. Când El și-a dat ultima suflare și a spus: „S-a sfârșit", toți ucenicii Săi au fost derutați, spunându-și: „Am crezut că acesta este Regele? Am crezut că acesta este Mântuitorul nostru? Am crezut că El va domni pentru totdeauna?" Și toate speranțele lor au fost zdrobite.

Deci, pe măsură ce aceste femei au venit la mormânt, ele nu veneau pentru că așteptau o înviere. Nu, veneau să-și ia rămas bun de la prietenul lor, de la speranțele lor. Ei veneau să cinstească, pentru ultima oară, poate un profet. Pentru că erau confuzi. Ei nu au înţeles. Au ratat-o. Le lipsise cine era El. "De ce cauţi pe cei vii printre morţi? El nu este aici."

Vedeţi, vreau să declar că Isus a fost întotdeauna printre cei vii. Înainte de înviere, El era printre cei vii. Înainte de Avraam, El era printre cei vii. Înainte de a se naşte într-o iesle, acesta, Isus, a fost printre cei vii. De fapt, noi eram cei care nu eram printre cei vii. Dar Isus, Cel Viu, a venit să ne aducă în ţara celor vii – să fim printre cei vii.

„Şi Domnul Dumnezeu a făcut pe om din ţărâna pământului şi i-a suflat în nări suflare de viaţă şi omul a devenit o fiinţă vie.”
Geneza 2:7

Dumnezeu ne -a făcut pe tine şi pe mine să fim fiinţe vii. Când ne-am răzvrătit împotriva lui Dumnezeu şi am luat din Pom, a fost ca şi cum suflarea vieţii ne-a fost eliminată. Am mers, dar nu printre cei vii. Eram morţii care umblă. Dar Cel Viu a plănuit să ne aducă înapoi în părtăşie cu cei vii. Deci, Cel Viu a venit şi S-a născut ca om. A mers printre morţi. Ioan capitolul unu spune;

„La început Cuvântul a existat deja. Cuvântul era la Dumnezeu şi Cuvântul era Dumnezeu. El a existat la început cu Dumnezeu. Dumnezeu a creat totul prin El şi nimic nu a fost creat decât prin El. Cuvântul a dat viaţă la tot ceea ce a fost creat, iar viaţa lui a adus lumină tuturor. Lumina străluceşte în întuneric, iar întunericul nu o poate stinge niciodată. Dumnezeu a trimis un om, Ioan Botezătorul, să spună despre lumină, pentru ca toată lumea să creadă datorită mărturiei sale. Ioan însuşi nu era lumina; a fost pur şi simplu un martor pentru a povesti despre lumină. Cel care este adevărata lumină, care dă lumină tuturor, venea pe lume. A venit chiar în lumea pe care a creat-o, dar lumea nu l-a recunoscut. El a venit la propriul său popor şi chiar şi ei l-au respins. Dar tuturor celor care l-au crezut şi l-au primit, le-a dat dreptul de a deveni copii ai lui Dumnezeu. Ei renasc – nu cu o naştere fizică

rezultată din pasiunea sau planul uman, ci cu o naștere care vine de la Dumnezeu. Deci Cuvântul a devenit om și și-a făcut casa printre noi. Era plin de iubire și credincioșie nesfârșită. Și am văzut slava Lui, slava Fiului unic al Tatălui. Ioan a mărturisit despre el când a strigat mulțimilor: „Acesta este despre care vorbeam când am spus: „Vine cineva după mine, care este cu mult mai mare decât mine, căci a existat cu mult înaintea mea." Din abundența lui, toți am primit o binecuvântare plină de har după alta. Căci legea a fost dată prin Moise, dar dragostea și credincioșia nesfârșită a lui Dumnezeu au venit prin Isus Hristos. Nimeni nu L-a văzut vreodată pe Dumnezeu. Dar Cel unic, care este însuși Dumnezeu, este aproape de inima Tatălui. El ni l-a descoperit pe Dumnezeu. "

Ioan 1:1-18

La început, Dumnezeu. El era viata. El a creat totul și tot ceea ce avea viață a avut viață datorită Lui. Am respins această viață, iar rezultatul a fost moartea. Dar, această viață a modelat un plan pentru a ne aduce viața înapoi. Ne-a ratat. Nu l-am văzut. Unii au văzut-o și au respins-o. Dar ucenicii — au văzut și au umblat cu Cel viu, care a umblat cu viață printre morți. A fost Unul care a umblat cu viață. Există această mărturie a lui Ioan în 1 Ioan capitolul unu;

„Ceea ce a fost de la început, ceea ce am auzit, ceea ce am văzut cu ochii noștri, ceea ce am privit și mâinile noastre le-am mânuit, cu privire la Cuvântul vieții – viața a fost arătată și am văzut și am depus mărturie și vă spunem acea viață veșnică care a fost cu Tatăl și care ni s-a arătat nouă, ca să o vedem și noi, pe care o vedem și noi, pe care o vedem și noi, acela, noi, și într-adevăr părtășia noastră este cu Tatăl și cu Fiul Său Isus Hristos și vă scriem aceste lucruri pentru ca bucuria voastră să fie deplină". 1 Ioan 1:1-4

El spune: „Noi depunem mărturie că L-am văzut pe Cel Viu. El a umblat printre noi. L-am atins. L-am mânuit. El era viață. El era de la Tatăl, dar El ne-a arătat viața. Vă depunem mărturie ca să credeți și ca bucuria voastră să fie deplină".

„Iată, am pus înaintea ta astăzi viața și binele, moartea și răul, prin aceea că îți poruncesc astăzi să iubești pe Domnul Dumnezeul tău, să umbli pe căile Lui și să păzești poruncile Lui, legile și judecățile Lui, ca să trăiești și să te înmulți; și Domnul Dumnezeul tău te va binecuvânta în țara pe care vei merge să o stăpânești."
Deuteronom 30:15-16

„Chem astăzi cerul și pământul ca martori împotriva ta, că ți -am pus înainte viața și moartea, binecuvântarea și blestemul; de aceea alege viața, ca să trăiești atât tu, cât și urmașii tăi; ca să iubești pe Domnul Dumnezeul tău, ca să asculți de glasul Lui și să te agăți de El, căci El este viața ta și durata zilelor tale; să le dea". Deuteronom 30:19-20

El spune: „Vă prezint astăzi viața și moartea. Alegeți viața". Descoperim că viața are un nume. Numele lui este Isus. Există doar Unul care trăiește. El spune: „Îl prezint înaintea voastră pentru că Dumnezeul vostru vă va fi viață". Isus a spus în Ioan 11:

„Eu sunt învierea și viața. Cine crede în Mine, chiar dacă moare, va trăi și oricine trăiește și crede în Mine nu va muri niciodată".
Ioan 11:25-26

„Eu sunt calea, adevărul și viața. Nimeni nu vine la Tatăl decât prin Mine". Ioan 14:6

„Și aceasta este viața veșnică, ca să Te cunoască pe Tine, singurul Dumnezeu adevărat, și pe Isus Hristos, pe care L-ai trimis Tu."
Ioan 17:3

Aceasta este viața, să-L cunoști pe Dumnezeu, care este viață.

„Fiindcă atât de mult a iubit Dumnezeu lumea, încât a dat pe
singurul Său Fiu, pentru ca oricine crede în El să nu piară, ci să
aibă viaţă veşnică." Ioan 3:16

Dumnezeu a iubit atât de mult lumea încât a trimis viaţă,
pentru ca oricine ar crede în El să primească viaţă. El nu L-a trimis
pe Fiul Său în lume pentru a osândi lumea, ci pentru a-i da viaţă
lumii.

Tu şi cu mine nu am fost făcuţi să murim. De aceea, când
cineva trece, uneori vom spune că a trecut înainte de vremea lui.
Dar ştii, chiar dacă mori la 130 de ani, ai trecut înainte de vremea
ta? Pentru că nu ai fost niciodată menită să mori. De aceea
oamenii vor spune: „Ei bine, dacă Dumnezeu este bun, atunci
cum de am avut o pandemie? Cum se face asta şi asta? Dacă
Dumnezeu este bun, atunci cum se face atât de multă moarte?" O
răsucim. Am ales moartea când am respins viaţa. Deci, cum de
există atât de multă moarte? Pentru că atât de mulţi au respins
viaţa.

Şi chiar şi atunci când am ales moartea, Viaţa încă s-a îmbrăcat
în trup şi a venit la noi ca să avem viaţă şi să o avem din belşug.
Vrăjmaşul vine să fure, să omoare şi să distrugă, dar eu am venit ca
să aveţi viaţă şi să o aveţi din belşug. Viaţa are un nume şi numele
Lui este Isus. Deci, cum de L-a scuipat moartea? Pentru că
moartea nu poate stinge niciodată viaţa. Nu. Cel care nu are
început şi nu are sfârşit Şi-a permis să aibă un sfârşit, ca să ştiţi că
viaţa este mai puternică decât moartea. Cel care nu putea avea
sfârşit Şi-a permis să aibă un sfârşit pentru ca noi să ştim că viaţa
este mai puternică decât moartea. Alege viaţa.

La început, Dumnezeu l-a făcut pe om din ţărâna pământului
şi i-a suflat în nări suflare de viaţă. Isus a părăsit mormântul şi şi-a
găsit ucenicii în Ioan capitolul 20, versetul 22, a suflat peste ei şi a
spus: „Primiţi Duhul Meu". El spune să primească din nou viaţa!

El îi invită pe ei și pe tine și pe mine să mergem printre cei vii cu viața Lui. Același Duh, aceeași suflare care L-a înviat pe Hristos din morți, acum vă dă viață nouă . Petru, după ce l-a întâlnit pe omul la poarta numită Frumos, a spus:

„Nu am argint și aur, dar ceea ce am îți dau: În Numele lui Isus Hristos din Nazaret, ridică-te și umblă." Fapte 3:6

Și omul a umblat, pentru că a fi schilod are legătură cu moartea — asta nu are legătură cu viața. Dar Petru primise viață și viața izbucnea prin el, dând viață altora. Deci, omul s-a ridicat și a mers, iar masele au început să se uite la ei. Ei au zis: „De ce te uiți la noi ca și cum am făcut asta, ca și cum am fi în stare să facem asta pentru acest om? Nu, Isus a făcut asta". Peter a continuat:

„Dar voi v-ați lepădat de Sfântul și de Dreptul și ați cerut să vi se dea un ucigaș și ați ucis pe Prințul vieții, pe care Dumnezeu l-a înviat din morți, despre care suntem martori." Fapte 3:14-15

În Faptele Apostolilor capitolul 2, Petru a spus:

„Dar Dumnezeu L-a înviat din nou, punând capăt agoniei morții, pentru că era imposibil ca El să fie ținut în puterea ei". Faptele Apostolilor 2:24

Moartea a încercat să pună mâna pe Viață și a fost arsă. Trebuia să-L lase să treacă. Dumnezeul nostru este un foc mistuitor. Moartea a încercat să pună stăpânire pe Viață și nu și-a putut ține strânsoarea asupra Lui. Moartea a trebuit să-L lase să treacă. Biblia spune că atunci când crezi, Viața însăși – Isus Hristos – vine să trăiască în interiorul tău. Și că într-o zi, moartea va încerca să te stăpânească, dar va trebui să renunțe la tine pentru că Viața trăiește în tine, iar moartea nu poate cuceri viața.

„Și aceasta este mărturia: că Dumnezeu ne-a dat viața veșnică și

această viață este în Fiul Său. Cine are pe Fiul are viață; cine nu are pe Fiul lui Dumnezeu, nu are viață. Aceste lucruri v-am scris vouă, care credeți în Numele Fiului lui Dumnezeu, ca să știți că aveți viață veșnică și să continuați să credeți în numele Fiului lui Dumnezeu." 1 Ioan 5:11-13

Scripturile ne spun în mod repetat că ne mărturisesc: viața veșnică se găsește în Isus Hristos pentru că El este viață. Astăzi, îți pun înainte viața și moartea. Vă recomand să alegeți viața. Unii dintre noi umblă cu Isus de mulți ani și sărbătorim – trebuie să sărbătorim – pentru că știam ce este moartea. Ne plimbam în ea în fiecare zi. Apoi, când l-am întâlnit pe Isus, ni s-a întâmplat ceva. Știu pentru că mi s-a întâmplat.

Aveam nouă ani și mergeam cu bicicleta cu o zi înainte de Paște. Am văzut niște oameni făcând o vânătoare de ouă. În casa mea, vânătoarea de ouă se făcea cu ouă fierte tari. Dar această casă avea ouă cu bomboane înăuntru. M-am gândit în sinea mea: „Ce?" Se pare că părinții mei nu știau! M-am așezat acolo pe bicicletă și i-am văzut cum strâng aceste ouă. Când le-au deschis, au căzut Starbursts, Snickers și tot felul de lucruri minunate în loc de un gălbenuș de ou.

Această familie s-a uitat la mine, privind de pe bicicleta mea și mi-au spus: „Vrei să vii să ni te alături?" Mi-am aruncat bicicleta jos, am început să împing copiii și le-am luat ouăle! M-au invitat să vin și să mă așez și au început să-mi spună despre acest bărbat pe nume Isus. Și ceva în sufletul meu auzea ceva – ceva ce știam, dar nu înțelegeam pe deplin – ceva ce știam că era pentru mine. Și I-am spus „Da".

Când au întrebat: „Vrei să-L primești pe Isus ca Domn și să-I dai viața ta?" Am spus: „Da, da". Și viața a venit în mine. La nouă ani, ceva s-a schimbat în mine. Trecusem de la moarte la viață.

Dar familia mea nu a mers la biserică. Încet, dar sigur, am continuat să merg pe cale – câteva zile pe calea vieții, spunând: „Doamne, iartă-mă", iar câteva zile pe calea morții. Până la 19 ani, mergeam din nou complet pe calea morții. Îl chemam pe Dumnezeu și am fost invitat la biserică. M-am dus la biserică, mi-am plecat capul și am spus: „Isuse". I-am șoptit doar numele. Și El a venit. A apărut și a adus viață. Și tot întunericul care îmi umplea inima a fugit la lumină.

Atunci bucuria, dragostea și pacea mi-au umplut inima. Nu am părăsit niciodată această viață. În acel moment, am pus mâna pe viață și am spus: „Nu scapi de data asta". Dar El a spus: „Nu, nu, nu scapi de data asta. Urmează-Mă". Și am început să-L urmăresc pe Isus Hristos, Persoana Vieții. Am simțit viața de atunci. Și când voi muri, nu va fi sfârșitul meu – doar o virgulă în povestea mea – pentru că merg printre cei vii. Moartea nu mă poate ține pentru că viața trăiește în mine.

Astăzi, aceeași Persoană pe care am întâlnit-o – Iisus Hristos – vrea să fie în fiecare viață din întreaga lume. Viața ne strigă numele. El și-a dat viața pentru ca noi să o avem. El a luat moartea ca să ne dea viață. Cred că toți ne dorim viață. Alege viata.

Întrebări de discuție

1 . Cum vă schimbă percepția asupra rolului Său în credința voastră personală să vă priviți pe Isus ca întruchipare a vieții? În ce moduri poate influența modul în care vă trăiți viața de zi cu zi recunoașterea lui Isus ca „Cel Viu"?

2 . Acest capitol prezintă ca temă centrală alegerea dintre viață și moarte. Care sunt câteva moduri practice prin care poți alege viața în deciziile și acțiunile tale? Au existat momente când tu, la fel ca discipolii, te-ai chinuit să înțelegi sau să recunoști prezența lui Isus în viața ta? Cum ai depășit asta?

3 . Cum vă influențează conceptul de viață veșnică prioritățile și scopurile? În lumina invitației adresate tuturor de a -L primi pe Isus, cum ați putea împărtăși altora acest mesaj de viață?

8
EL A ÎNVIAT

„Dar în prima zi a săptămânii, în zorii devreme, au venit la mormânt, aducând mirodeniile pe care le pregătiseră. Și au găsit piatra rostogolită de pe mormânt, dar când au intrat, nu au găsit trupul Domnului Isus. În timp ce erau nedumeriți în legătură cu aceasta, iată, doi bărbați s-au așezat deodată lângă ei, îmbrăcați în haine orbitoare; „De ce îl cauți pe Cel viu printre morți? El nu este aici, dar El a înviat. Aduceți-vă aminte cum v-a vorbit, pe când era încă în Galileea, spunând că Fiul Omului trebuie să fie dat în mâinile oamenilor păcătoși, să fie răstignit și a treia zi să învie." Și și-au adus aminte de cuvintele Lui și s-au întors de la mormânt și au spus toate aceste lucruri celor unsprezece și tuturor celorlalți."
Luca 24:1-9

Afirmația pe care o fac îngerii: „El nu este aici, dar a înviat", este fundamentul creștinismului. Dacă nu există înviere, nu avem credință, nu avem speranță. Un salvator mort nu este un salvator; trebuie să existe o înviere. Când ne amintim de înviere, trebuie să înțelegem puterea învierii. Nu este doar putere pentru viitor; Există o revelație pentru noi astăzi, care ne face să trăim diferit în puterea învierii în fiecare zi a vieții noastre. Mă rog să primim o revelație mai profundă a ceea ce înseamnă puterea învierii pentru noi astăzi. Ni s-a dat ceva în înviere care ne schimbă fiecare zi, nu doar pentru când murim. În fiecare zi trebuie să umblăm în puterea învierii.

„Isus le-a răspuns: „Vă s-a dat să cunoașteți tainele Împărăției cerurilor, dar lor nu le-a fost dat." Matei 13:11

„La ei" se referă la cei care nu-L cunosc. Există mistere ascunse în scripturi. Există taine în Împărăție și vreau să cunoști tainele puterii învierii. Există un mister în ea.

„A cărui taină a fost ascunsă de veacuri și generații [de îngeri și oameni], dar acum este descoperită poporului Său sfânt (sfinților), Căruia Dumnezeu a vrut să-i facă cunoscute cât de mari sunt pentru neamuri bogățiile slavei acestei taine, care este Hristos în interiorul și printre voi, nădejdea [realizării] slavei". Coloseni 1:26-27

Această taină a lui Hristos care trăiește în tine, Regele Regilor înviat care trăiește în interiorul tău, este un mister. Există mistere chiar și în acel mister pe care vreau să le cunoașteți, astfel încât să puteți merge în plinătatea a ceea ce a intenționat Dumnezeu să umblați.

„Binecuvântat să fie Dumnezeu și Tatăl Domnului nostru Iisus Hristos, care, după îndurarea Sa cea din belșug, ne-a născut din nou la o nădejde vie prin învierea lui Isus Hristos din morți." 1 Petru 1:3

În greacă, cuvântul „născut" înseamnă de fapt a fi născut din nou. Expresia „speranță vie" este de fapt „speranță vie"; cuvântul „speranță" este primul și înseamnă „o așteptare". Cuvântul „vii" în greacă este „ zoe ", care înseamnă viață abundentă. Așadar, așteptăm o viață din belșug din cauza milei Tatălui. Acum așteptăm o viață din belșug din cauza învierii. Vreau să trăiești viața din belșug, să trăiești în fiecare zi cu așteptarea că viața din belșug este a ta și ar trebui să se reverse din tine. Isus a spus în Ioan 10:10, „ca să aveți viață și viață mai din belșug". Este același cuvânt pentru a trăi în 1 Petru 1:3; este viața „ zoe ", viața lui Dumnezeu. Aceasta este viața bună; aceasta este viața pe care a avut-o Isus chiar înainte de cruce. El a avut „ zoe ", El a avut viață din belșug – de aceea moartea a trebuit să-L scuipe. Acum ai acea viață care trăiește în interiorul tău și ai așteptarea ei în viitor. Dar vreau să vezi, dacă nu mergi în „ zoe " acum, nu vei avea „ zoe " atunci. Misterul vieții abundente ar trebui să fie o revelație în care mergi în fiecare zi; ar trebui să fie o manifestare în care mergi în fiecare zi. Dacă este, El spune că poți fi sigur că te vei ridica. Isus avea deja viață din belșug și moartea nu a putut-o birui. Biblia spune că acum trăiește în interiorul tău; același Duh care L-a înviat pe Hristos din morți trăiește acum în tine, dându-ți viață nouă . Am fost născuți din nou prin Duhul care L-a înviat pe Hristos din morți; acum avem o așteptare ca „ zoe " să trăiască în interiorul nostru din cauza învierii lui Isus.

„...prin învierea lui Iisus Hristos din morți, la o moștenire nestricăcioasă și neîntinată și care nu se stinge, rezervată în ceruri pentru voi, care sunteți păstrați prin puterea lui Dumnezeu prin credință pentru mântuirea gata să fie descoperită în vremea de pe urmă". 1 Petru 1:3-5

Acum, când ne uităm la aceste cuvinte în greacă, ceea ce încearcă el să spună este că nu le poți pierde; nu îmbătrânește și nu este ca pâinea care se mucește . Această viață nu este ca argintul sau aurul; nu se va păta. De fapt, această viață ar trebui să fie la fel de bună ca ziua în care ai crezut - din glorie în glorie ar trebui să abunde pentru tine și de la tine. Este o moștenire pe care ați primit-o datorită a ceea ce a făcut Isus. Este rezervat; cuvântul „rezervat" înseamnă protejat. Puterea lui Dumnezeu este cea care te protejează atât pe tine, cât și pe ea. El spune că este păstrat și păstrat pentru tine și că credința te aduce în ea. Noi nu trăim din vedere; nu trecem pe lângă asta; nu trăim conform a ceea ce vedem în jurul nostru, dar credinţa este cea care ne conduce. El spune că credinţa ta este cea care te va aduce în plinătatea a ceea ce va fi revelat. Sunt chiar mai multe – din glorie în glorie – până când într-o zi vom intra în plinătatea ei. Această revelaţie a învierii lui Isus ar trebui să facă ceva. Lumea nu are ceea ce ai tu; ei nu au ceea ce ne face un popor deosebit.

Moartea şi învierea lui Isus înseamnă câteva lucruri pentru noi:

- **Demonstrarea iubirii lui Dumnezeu** : este demonstrarea iubirii lui Dumnezeu şi a felului în care El se simte pentru tine. El te iubeşte; nu există dragoste care să fi fost vreodată exprimată ca iubirea exprimată în moartea şi învierea lui Isus Hristos. Trebuie să ştim că El nu a trebuit să moară pentru noi; El a ales să moară pentru noi. Crucea este o declaraţie veşnică, o declaraţie a iubirii Lui pentru tine.
- **Un Schimb** : Era nevoie de ceva şi de aceea El a trebuit să vină. A fost un schimb de singurul născut pentru cei care aveau să devină fii şi fiice. Pe cruce, El a fost singurul născut din Dumnezeu în acel moment, dar acum, din cauza asta, milioane au devenit născuţi din Dumnezeu şi alte milioane vor veni în Împărăţie.
- **Exprimarea harului** : Învierea este o expresie a harului lui Dumnezeu de a aduce omul înapoi în poziţia şi starea Sa glorioasă; a fost harul Său să facă asta.
- **Dovada puterii asupra morţii** : Învierea dovedeşte că moartea nu mai are dreptul sau puterea de a domni asupra omenirii, asupra vieţii tale. Moartea domneşte asupra umanităţii. Dar acum, din cauza morţii şi învierii lui Hristos, avem dovada că moartea nu mai are dreptul să domnească peste viaţa ta. Trebuie să

înțelegem acest lucru pentru a înțelege misterul învierii lui Isus Hristos. Învierea este un triumf asupra morții, dar trebuie să înțelegem moartea și puterea ei de a înțelege puterea mai mare a învierii.

Puterea Morții

1. **Moartea este cea mai mare frică a întregii omeniri** : este lucrul pe care trebuie să -l înfrunte toți oamenii. Este frica tuturor; pentru cei din afara lui Hristos, este perioada de la sfârșitul vieții care îi așteaptă pe toți.
2. **Fiecare religie își propune să răspundă la întrebarea morții.**
3. **Moartea este singura putere care are control asupra fiecărui om:** anxietatea are putere asupra unora, depresia are putere asupra unora, dar moartea a avut putere asupra tuturor .
4. **Nimeni nu poate rezista morții:** chiar și Isus a trebuit să treacă prin ea.
5. **Nimeni nu o poate evita** : Aceasta este puterea morții înainte de înviere – ea a domnit peste tot . Moartea este un mare bătăuș care își demonstrează autoritatea și puterea și domnește peste fiecare om până la Isus. *„Și după cum este rânduit ca oamenii să moară o dată, dar după aceasta judecata". Evrei 9:27*
6. **Moartea este un egalizator:** ai putea fi regina Angliei, dar vei fi îngropat în pământ. S-ar putea să fii cerșetorul de pe stradă; ai putea fi în palat, dar la un moment dat, amândoi vom găsi același lucru. Moartea este un egalizator.

În pilda bogatului și a lui Lazăr (vezi Luca 16,19-31), Lazăr era un cerșetor, iar bogatul nu l-a ajutat pe cerșetor. Pilda continuă spunând că bogatul se găsește mort la fel ca săracul. Dar când se uită bogatul, vede că omul care a fost cândva cerșetorul este acum liber. El este eliberat de sărăcia lui; el este acum cu Avraam și fiecare dintre nevoile lui este satisfăcută. Bogatul nu mai are acum decât chin și tânjește ca bietul cerșetor să-și scufunde degetul în apă și să-l pună pe limbă. Moartea este un egalizator.

Vreau să înțelegem învierea și puterea ei, dar pentru a face asta, trebuie să ne punem întrebarea: de ce există moartea? De unde a venit? Cine a creat-o? Moartea a existat dintotdeauna; chiar și la început, moartea a fost mereu acolo.

„Și Domnul Dumnezeu i-a poruncit omului, zicând: „Din orice pom al grădinii să mănânci fără voie; dar din pomul cunoașterii binelui și a răului să nu mănânci, căci în ziua în care vei mânca din el vei muri cu siguranță."" Geneza 2:16-17

Moartea era acolo, în grădină; viața era acolo și moartea era acolo. Dar moartea nu avea putere. Era latentă. Cea care domnea era viața; viața domnea peste tot. Viața avea puterea. Moartea era acolo izolată, fără putere. Deci, ce a dat morții puterea ei? Pentru că Isus a venit să învingă moartea, dar de ce domnea moartea? Ce i-a dat puterea de a domni? Scriptura spune că dacă mănânci din acest copac, cu siguranță vei muri. Adică dacă faci asta (mâncă), atunci vei activa aceasta (moarte). Vei da putere ceva. Și ce era chestia aia? A fost păcat; a fost neascultarea. Nu face asta. Și dacă o faci, vei activa domnia acestui lucru. Păcatul este ceea ce dă morții puterea sa. Puterea morții este păcatul. Motivul pentru care moartea a reușit să domnească asupra umanității este din cauza păcatului. Deci Dumnezeu nu vine și doar învinge moartea; Mai întâi trebuie să cucerească păcatul. De aceea avem nevoie de cruce. Moartea a domnit pentru că toți au păcătuit. Cel fără de păcat vine, se naște și umblă pe pământ. El vrea să moară în locul tău pentru ca tu să ai viața „ zoe " pe care El o are – viața veșnică din belșug. El a spus: „Am venit ca să ai din belșug viața „ zoe " – viața veşnică. Isus spunea: „Asta vreau să aveţi; asta am şi vreau să ţi-l dau."

Dar pentru a face asta, El nu trebuie doar să moară; El trebuie să plătească pentru păcat. El trebuie să învingă păcatul, iar dacă El învinge păcatul, El ia puterea morţii – asta a venit să facă. Pentru a lua puterea de la moarte. Dar Isus nu a fost candidat la moarte. Aceasta este o problemă; singurul lucru care va activa moartea este păcatul, dar Isus nu a avut păcat. Nu a fost candidat la moarte. Cel Viu a umblat pe pământ fără să păcătuiască; Nu a fost candidat la moarte. Moartea nu avea putere asupra Lui. Conducătorul morţii, Satana, nu avea nicio putere asupra Lui. Isus a spus: „Vine conducătorul acestei lumi, dar nu are nimic în Mine". Nu se temea de el pentru că moartea nu avea nicio putere, nici dreptul la viaţa Lui. Deci, ce trebuie să facă El? Isus vrea să moară pentru a ne da viaţă, dar El nu este un candidat pentru moarte. Deci , pe cruce, Dumnezeu, care este veşnic, care este în viitor şi în trecut, ia păcatul tău şi pe toţi cei care vor crede vreodată şi îl plasează asupra Lui. Singurul mod în care El poate muri este dacă păcatele tale sunt asupra Lui. Altfel nu este candidat la moarte. Acesta este modul în care cineva care stă în afara timpului este capabil să meargă în viitor la cei care îşi vor pune credinţa în El şi vor spune: „Bine, voi lua păcatul tău şi îl voi pune asupra Lui".

Singurul motiv pentru care Isus a putut să moară a fost pentru că păcatul tău era asupra Lui. Deci, atunci când crezi în Isus, păcatele tale sunt îndepărtate şi eşti declarat drept. Dovada a fost că Isus a fost capabil să moară. El nu putea muri pentru că nu avea păcat; păcatul trebuia să fie pus asupra Lui. Dovada dreptăţii tale este moartea lui Isus Hristos, pentru că El nu ar putea muri dacă păcatul tău ar rămâne asupra ta şi nu asupra Lui. Ar fi rămas în viaţă — a fost un schimb grozav. Neprihănirea Lui ţi-a fost dată şi păcatul tău a fost pus asupra Lui. Vreau să trăieşti cu o revelaţie a dreptăţii tale – eliberarea ta de puterea păcatului şi a morţii. Deci, dacă păcatul a fost înlăturat şi eşti declarat drept, moartea nu are putere asupra ta. Acesta este motivul pentru care Isus spune: „Eu sunt învierea și viața; oricine crede în Mine trăiește, chiar dacă moare". Moartea și-a pierdut înțepătura; puterea lui s-a pierdut de la tine și de la mine. Aceasta este vestea bună a învierii.

„Deci, în măsura în care copiii s-au împărtășit din carne și sânge, El Însuși s-a împărtășit la aceeași, pentru ca prin moarte să-l nimicească pe cel ce avea puterea morții, adică pe diavolul, și să elibereze pe cei care, prin frica morții, au fost toată viața supuși robiei." Evrei 2:14-15

El a devenit ca noi, apoi a murit în locul nostru pentru ca cel care avea puterea morții – Satana, diavolul – să o piardă, iar cei care au fost legați de frica de ea toată viața să fie liberi. Ar trebui să fii liber de puterea fricii de moarte.

„ Deci, când acest stricăcios se va îmbrăca în nestricăciune, iar acest muritor se va îmbrăca în nemurire, atunci se va împlini cuvântul scris: „Moartea este înghițită de biruință". „O, Moarte, unde este înțepătura ta, o, Hades, unde este biruința ta?"" 1 Corinteni 15:54-55

Gândește-te la o albină. Dacă nu are capacitatea de a te înțepa, ar putea la fel de bine să fie o muscă de casă. Când vedem o albină, ne spunem „Oh, hei, whoa", iar anumite albine au anumite înțepături care ne fac să ne gândim „Nu te încurca cu acea albină". Dar o musca de casa? Ne spunem: „Bine, orice, fugi de mine". Nu te sperii, spunând: „Doamne, este o muscă de casă". Te gândești doar: „Da, orice, este doar o muscă. Nu o vreau neapărat în casa mea; este un iritant". Dar nu are ce să producă frică în tine. Asta s-a întâmplat cu moartea. Pavel își bate joc de moarte. El a avut o revelație a vieții în Hristos prin înviere și a batjocorit-o. "Unde este înțepătura ta? Unde este victoria ta?"

Chiar și atunci când sfinții iubiți mor, ei trăiesc. Ei intră în

plinătatea revelației lui Hristos, a celor vii. Toată durerea a
dispărut. Plângem pentru că îi pierdem pe cei dragi și prietenii,
dar ei trăiesc. Dacă nu ar exista moarte și înviere, ar fi foarte greu,
dar din cauza morții și învierii, ei sunt printre cei vii. Biblia spune
că suntem înconjurați de martori – un nor viu de martori. În
primul rând, scriptura vorbește despre cum au murit; au murit
toti. Dar acum suntem înconjurați de ei pentru că nu sunt morți.
Deși mor, trăiesc. Și El spune că ești urmărit de fiecare persoană
care a fost înaintea ta și a proclamat credința pe care o ai astăzi. El
spune că te urmăresc. Fugi! Dezbracă ceea ce te încurcă, care este
păcatul, care dă morții puterea ei. Dezbracă-l și aleargă cursa. Pune-
ți ochii pe Isus.

Nu trăiesc cu frica de moarte. Nu vreau să trăiești cu frica de
moarte. Nu mi-e frică să mor la 30, 40, 50 de ani — nu-mi pasă.
Pentru că sunt printre cei vii și moartea nu are putere asupra mea.
Trebuie să obținem asta. Dacă ar fi să trec, unora le poate lipsi,
altora nu. Unii se pot bucura că am plecat. Dar din momentul în
care am crezut, moartea a pierdut. Moartea nu poate sărbători
când mor. Și-a pierdut puterea. Știe: „Da, și el, se va ridica". Tot
trecutul și tot viitorul celor care cred și își pun încrederea în
Domnul se vor ridica. Știți că atunci când Isus a murit,
mormintele au fost deschise? Cei care crezuseră în Domnul chiar
înainte ca crucea să vină să iasă. Vă puteți imagina cum a fost? Pot
să văd: „Acela este David? Este Neemia? Este Ieremia? Ce cauți
aici?" Ei spun: „O, moartea și-a pierdut strânsoarea asupra mea".
Acest lucru sa întâmplat. Este consemnată de istorici, nu doar de
credincioși.

De aceea, cu creștinismul, oamenii s-au străduit atât de mult
să demonstreze că este fals și nu pot. Și când vorbesc despre asta
sau îl cercetează, se dovedește mai adevărat . Fiecare persoană care
a cercetat-o pentru a dovedi că este neadevărată a descoperit că este
adevărat. Apoi se gândesc: „Să nu vorbim despre asta, pentru că
cu cât încercăm mai mult să dezmințim, cu atât ne dăm seama că

este adevărat". Şi cu cât adevărul este dezvăluit mai mult, cu atât adevărul este mai puternic. Istoricii, oameni care nu erau credincioşi, au scris despre aceste evenimente. Moartea şi învierea lui Isus Hristos sunt înregistrate de istorici. Imaginaţi-vă pe cineva care a făcut ceea ce a făcut Isus. A atras atenţia istoricilor. Întreaga lor treabă este ca reporterii – să informeze lumea cunoscută ce se întâmplă în diferite locuri. Ei bine, cineva se plimbă pe apă şi hrăneşte mulţimi prea mari pentru a putea conta cu prânzul unui băiat. El se vindecă; orbii văd, muţii vorbesc, şchiopii merg. Şi o înregistrează. Şi vine un moment în care acest om uimitor este ucis – acuzat şi ucis în mod fals. Înregistrau asta şi este ca momentul trist emoji.

Dar apoi, în a treia zi, El a înviat. Au trebuit să scrie această poveste. Vă spun că au consemnat-o istoricii, nu doar apostolii. Aceasta este ceea ce au găsit. Oamenii încearcă să demonstreze că este ficţiune, dar când o studiază, ei văd: „Nu, nu, nu, nu doar discipolii înregistrează asta. Istoricii de pretutindeni urmăreau şi înregistrau". Deci, nu are rost să mintă. Şi singurul mod în care ştim ceva este adevărat - singurul mod în care ştim că a trăit Alexandru cel Mare - este datorită istoriei, picturilor, vaselor de lut şi scrierilor istorice. Dacă nu le avem, atunci el nu a existat. Trebuie să avem o anumită cantitate de lucruri pentru a dovedi că cineva a trăit cu adevărat în trecut, iar Isus este persoana cea mai înregistrată din istorie – nu doar viaţa Sa, ci şi moartea, înmormântarea şi învierea Sa. El a umblat pe pământ timp de patruzeci de zile după învierea Sa. Se spune că la un moment dat cinci sute de oameni s-au adunat în jur şi L-au ascultat. Ei L-au privit murind, L-au văzut îngropat, trei zile mort, L-au privit întorcându-se din morţi şi umblând printre ei încă cu găuri în mâini şi picioare, dar acum trăieşte. Timp de patruzeci de zile — puţin peste o lună — El doar stătea. Şi la un moment dat, 500 s-au adunat în jurul Lui pentru a-L asculta învăţând după înviere. Nu a existat un moment „poate l-am văzut". Nu a fost un „fel de" experiență. Ei au mâncat cu El și tot, și apoi El a făcut ca Neo din The Matrix – direct în Rai și au privit asta.

Dacă ar fi inventat, ar fi doar uitat. Chiar și marele preot și Sinhedrinul au fost toți parte din mărturisirea acestui lucru și a mușamalizării. Vorbește despre modul în care au încercat să o ascundă în scripturi. Au plătit paznicii care erau acolo când au apărut îngerii și apoi au apărut Maria și ceilalți. Când a apărut îngerul, se spune că gardienii au văzut, au tremurat și au căzut ca și cum ar fi murit. L-au văzut pe înger; au văzut piatra funerară rostogolindu-se. La început, au crezut că este un cutremur, dar apoi, bum, apare un înger. Și în fiecare punct al Scripturii când apare un înger, frica de Dumnezeu este pusă în atmosferă. Și acești soldați romani, acești oameni împietriți care au ucis oameni, cad. Ei leșin. Și îngerul spune: "Hei, hei, știu că ești aici despre Isus. Nu-ți fie teamă. Trebuie să -ți spun ceva. De ce cauți pe cel viu printre morți? El nu este aici. Amintește-ți ce ți-a spus El, că Fiul Omului va muri din mâna oamenilor, dar a treia zi va învia." Și și-au amintit ce a spus El. Dar ceea ce a spus El a fost prea imposibil de crezut până nu l-au văzut cu ochii lor. Chiar și apostolii și ucenicii, când au venit și li s-a spus cele întâmplate, au spus: „Nu, nu se poate". Îmi place cum, când Isus l-a vindecat pe orb, el a spus: „A făcut cineva vreodată asta?" Imaginează-ți ce au avut de gândit după ce Isus a murit și a înviat din morți. Nimeni nu se ruga ca El să învie din morți; nu credeau. Ei au privit trupul Lui mutilat. Ei trebuie să se fi gândit: „Nu există nicio modalitate de a fi restaurat". Dar, din fericire, viața – Spiritul vieții – a venit. Vreau să mergem în aceeași putere a vieții.

"Și dacă Hristos nu a înviat, credința voastră este zadarnică; voi sunteți încă în păcatele voastre! Atunci și cei care au adormit în Hristos au pierit. Dacă numai în această viață avem nădejde în Hristos, suntem cei mai jalnici dintre toți oamenii." 1 Corinteni 15:17-19

Dacă nu există înviere, dacă nu există nici o cucerire a puterii morţii, atunci păcatul are totuşi puterea asupra ta şi credinţa ta este zadarnică. Paul crede că moartea este doar adormirea. Ei nu mai văd moartea sfinţilor ca pe moarte, ci pur şi simplu ca pe un adormit. Dar, dacă Hristos nu a înviat din morţi, atunci ei nu au adormit — au pierit. Păcatul are încă puterea lui, adică moartea are încă puterea lui, ceea ce înseamnă că cei care au adormit nu sunt adormiţi; sunt morţi.

„Dar acum Hristos a înviat din morţi şi a devenit primele roade ale celor adormiţi. Căci, de vreme ce prin om a venit moartea, prin om a venit şi învierea morţilor. Căci după cum toţi mor în Adam, tot aşa în Hristos toţi vor fi înviaţi". 1 Corinteni 15:20-22

Pavel încearcă să se asigure că înţelegem acest lucru: fără moarte şi înviere, păcatul nu şi-a pierdut puterea, moartea nu şi-a pierdut puterea şi noi nu avem speranţă. Dar nu este cazul. Mulţumesc lui Dumnezeu, care L-a înviat pe Hristos din morţi.

„Deci acum nu este nicio condamnare pentru cei care sunt în Hristos Isus, care nu umblă după trup, ci după Duhul. Căci legea Duhului vieţii în Hristos Isus m-a eliberat de legea păcatului şi a morţii". Romani 8:1-2

Acum vreau să mă uit la unele dintre mistere ca să putem merge în puterea învierii. Trebuie să înţelegem că există trei ceruri revelate în scripturi (2 Corinteni 12:2). Primul rai este locul unde zboară păsările şi avioanele. Al doilea cer este locul unde domnesc puterile, tronurile şi stăpânirile — puterile demonice. Dar în al treilea cer, există un Împărat. Cine este acel Rege? Isus. Şi Împărăţia Lui va domni peste toate tronurile, toate puterile şi toate stăpânirile. Noi am fost aşezaţi cu El în al treilea cer pentru a domni peste fiecare principat, putere, tron şi stăpânire.

Unde îşi are moartea puterea? În al doilea cer. Dar legea

Duhului vieții în Hristos domnește peste al treilea cer, iar legea păcatului și a morții domnește peste al doilea cer. Legea Duhului vieții în Hristos este Evanghelia. Legea păcatului și a morții este legea mozaică a Vechiului Testament. Așadar, când transgresezi al doilea cer, la ce dă el putere? Păcatul și moartea; activezi legea păcatului și a morții. Dar când tu, conform 1 Ioan 1:9, îți mărturisești păcatele, El este credincios și drept ca să te ierte și să te curețe de orice nelegiuire. Și dacă nu ai nedreptate, ești drept. Fiecare ușă din al doilea cer trebuie să fie închisă pentru tine. Păcatul, moartea și răul nu trebuie să aibă putere asupra vieții tale. Asta nu înseamnă că nu-i putem da putere, dar nu trebuie.

Pavel arată clar că acest lucru este pentru cei care nu umblă după trup, ci după Duhul. Dacă umblăm după trup și mulțumim firea, atunci vom deschide puterea păcatului și a morții în viața noastră. Învierea este biruirea păcatului și a morții. Pentru că sângele Lui a fost vărsat, El a luat puterea morții, a închis al doilea cer pentru tine și pentru mine și ne-a declarat neprihăniți să venim cu îndrăzneală înaintea tronului harului și să stăm cu El în al treilea cer.

„Căci ceea ce Legea nu a putut face, căci era slabă prin trup, Dumnezeu a făcut, trimițând pe propriul Său Fiu cu chipul păcătosului, din pricina păcatului: El a osândit păcatul în trup, pentru ca cerința dreaptă a Legii să fie împlinită în noi, care nu umblăm după trup, ci după Duhul. trăiți după Duhul, lucrurile Duhului, căci a avea o minte trupească este moarte, dar a fi gândit la spiritual este viață și pace." Romani 8:3-6

El se referă la legea mozaică. Nu vreau să activați moartea prin păcat și să fiți ca Adam și Eva, care continuă să activeze puterea morții în viața voastră. Boala și anxietatea, frica însăși, sunt dovada activării celui de-al doilea cer în viața ta — a puterii morții. Dar este un cadou minunat pentru că mereu spun că Satana este ca un jucător rău de cărți; își exagerează mereu mâna. Dacă sunt bolnav, știu că am făcut ceva – am deschis al doilea cer.

Îmi place acest exemplu al lui Elisei: este prea tată duhovnicesc, crește prea mulți fii duhovnicești și are prea mulți în școala profeților și trebuie să facă un spațiu mai mare. Cineva a împrumutat un cap de topor pentru a face acest lucru, iar când tăia niște copaci, capul de topor a zburat în râu. Bărbatul a gâfâit, a țipat pentru că era împrumutat. Era foarte scump; nu putea plăti pentru asta. Avea să aibă probleme. Deci Elisei spune: „Arată-mi unde a căzut”. Arată-mi unde l-ai pierdut. Așadar, atunci când se întâmplă ceva în viața mea, aceasta este dovada puterii celui de-al doilea cer care încearcă să-și arate stăpânirea asupra vieții mele. Mă întorc de unde a început. Unde mi-am pierdut pacea? Unde am pierdut vindecarea? Unde am început să văd asta intrând? Și mă rog: "Sfinte, poți să-mi arăți? Am dat vreun drept celui de-al doilea cer în viața mea?" Și El va spune ceva de genul: „Da, în această zonă, când ai vorbit cu fiul tău, cu soția ta, sau cu această persoană în acest fel”.

Petru spune că rugăciunile tale pot fi împiedicate de felul în care îți tratezi soția. Dacă am ceva, spun: „Bine, este la fel de simplu ca pocăința, pentru că am la dispoziție antidotul pentru păcat – este sângele lui Isus și trebuie să merg cu umilință înaintea lui Dumnezeu în fiecare zi și să fiu condus de Duhul, astfel încât să pot trăi conform legii Duhului vieții în Hristos”. Dar există ceva și mai bun. Biblia spune că dacă o fac, atunci al treilea cer are domnie deplină. Vrem ca al treilea cer să domnească în viața ta.

Deuteronom 28:1-14 este domnia celui de-al treilea cer pentru cei care ascultă. Dar Deuteronom 28:15 și mai departe — despre ce vorbește el? Domnia celui de-al doilea cer. Este luarea tuturor și închiderea celui de-al treilea cer; tu vei fi coada și nu capul, boala și toate aceste lucruri care au vizitat Egiptul te vor vizita. Dovada tuturor acestor lucruri este doar dovada că am încălcat legea păcatului și a morții. Grozav, atunci ne pocăim, închidem ușa și ascultăm și deschidem o ușă mai bună. Știți că scripturile vorbesc despre uși, iar Ioan spune: „Am văzut o ușă deschisă în Rai". Aparent, există uși și ferestre în spirit și pot fi deschise sau închise. Dacă nu se revarsă nicio binecuvântare – nici bucurie, nici pace, nici sănătate sau prosperitate – aceste lucruri sau lucrurile pe care le spune Deuteronom 28:1-14 vă vor atinge. Nu este mare lucru; Înseamnă doar că închidem al treilea cer. Acum ne pocăim. Este nevoie de natura lui Hristos. El a spus: „Să fie în voi ceea ce era în El. Deși El era Dumnezeu, El nu a considerat egalitatea cu Dumnezeu ca la ceva, ci S-a smerit pe Sine însuși și a murit pe cruce, moartea unui criminal" (Filipeni 2). Este smerenie; trebuie să fii conștient de tine. Destul de umil pentru a evalua: Am deschis o ușă? Pentru că antidotul de a închide al doilea cer este prea ușor. Dar, nu poți pretinde că mergi în viața abundentă „ zoe " și nu ai Deuteronom 28:1-14 să-ți preia viața.

Domnia lui Dumnezeu ar trebui să preia, iar binecuvântările și favoarea Lui vor prelua. Dacă altceva preia controlul, nu ar trebui. I-am dat putere. Să-i luăm puterea înapoi prin pocăință. Nu contează ce titlu ai pus numelui meu; O pot transgrea la fel de repede ca oricine. Promit multor oameni să primească mai mult har decât mine pentru că sunt un conducător în trupul lui Hristos. Câți dintre voi știu că copiii primesc mai mult har decât părinții? Dacă ar fi să treci printr-un magazin alimentar și un părinte se poartă ca un copil de doi ani, nu te-ai gândi la acel părinte așa cum te-ai gândi la acel copil. Vedem un copil țipând și ne gândim: „Oh, probabil că sunt obosiți". Dar dacă vedem un adult adult într-un magazin alimentar țipând cu o furie în privința modului în care își doresc Oreos, ne gândim: „Ridică-te, ești un adult adult". Nu le-am da același har, vă promit. Dacă m-ai vedea făcând asta și soția mea era cu mine, te-ai gândi: „Bine, trebuie să-l părăsească". Nu mi-ai da harul. Dar dacă vezi un copil mic, te gândești: „Bine, sunt obosiți sau dependenți de zahăr", dar le-ai oferi puțină grație. Pe măsură ce ne maturizăm în Hristos, nu primim același har.

Domnul gândește: „Nu, cunoașteți legea Duhului vieții în Hristos. Ați fost încercat în ea, ați trecut acele încercări și acum regresați?" Vezi, Satana i-ar plăcea să deschid ușa aceea. Știi cât de repede va veni? El așteaptă să se deschidă o ușă. Dacă primește pe cineva care tocmai a fost salvat, el este fericit, dar dacă poate elimina pastori și lideri, se bucură. Dacă deschid o ușă, el vine. Dacă deschizi o ușă, noi doar închidem ușa. Nu mi-e frică de asta; si-a pierdut puterea. Am antidotul — este sângele lui Isus; este pocăința. Nu încerc să adaug frică; Încerc să o iau făcându-i pe oameni să se gândească la modul în care trăiesc, astfel încât să trăiască conform Duhului vieții în Hristos. Dumnezeu nu se poate ajuta pe Sine; El încearcă să-și reverse binecuvântarea, dar nu va călca al doilea cer. Dacă deschizi o ușă, El spune: „Ți-am dat un antidot". Dar Domnul va păzi legea; El vrea să triumfeți asupra acelei legi cu o lege mai mare și mai excelentă. Evanghelia este un legământ mai bun și El ți-a dat antidotul de a domni peste legea mozaică cu Evanghelia lui Isus Hristos, cu legea Duhului vieții în Hristos, El ți-a dat antidotul să domnești peste ea.

Trebuie să alegem să ne plimbăm în Zoe, viața abundentă, în fiecare zi. Acesta este dreptul nostru. Este moștenirea noastră în Hristos. Scriptura spune că credința este substanța lucrurilor în care se speră. Cuvântul substanță înseamnă „document legal". Faith spune că avem dreptul la ceva. Dacă am actul la casa mea, este al meu: numele meu este pe el — nu numele băncii. Dacă vii și spui: „Aceasta este casa mea", voi spune: „Nu, nu este". Ai putea spune asta de o mie de ori, iar eu tot as spune: „Nu, nu este". Ai putea să mă duci în instanță, dar voi avea un document legal care spune că îmi aparține. Credința este că am documentul legal; verdictul a ieșit — am ceva. Credința este substanța, garanția legală a așteptărilor tale. Așteptarea sunt promisiunile lui Dumnezeu, viața Zoe, viața din belșug fiind a ta pentru totdeauna. Credința spune că înțelegi că ai un document legal care spune că toate promisiunile lui Dumnezeu, tot ceea ce a aparținut lui Adam și Eva care a fost pierdut, este acum dreptul tău. Tot ceea ce a cumpărat Isus pe cruce este dreptul tău. Faith spune: „Asta e al meu". Deuteronom 28:1-14 este al meu din cauza lui Hristos Isus, moartea Sa domnind peste păcat și învierea Sa domnind peste moarte. Este dovada că moartea nu are putere și păcatul nu are putere asupra ta. Dacă călcăm, trebuie doar să ne pocăim și să spunem: „Nu, nu, nu, Doamne, iartă-mă, nu acesta este modul de viață". Ușa se închide — bum. Certe pe diavol și umblă după Duhul vieții în Hristos.

Roagă-te cu mine: *Tatăl Ceresc îți mulțumesc că mi-ai dat dreptul la viață și eliberare de păcat și moarte, datorită lui Isus Hristos. Îți mulțumim Doamne! A Ta este biruința și slava în veci, Doamne. Declarăm că avem viață, pace și libertate. Că vom trăi și vom domni cu Tine pentru totdeauna. Declarăm că triumful Tău la mormântul gol este triumful nostru asupra morții. Îți mulțumim pentru sângele lui Isus și Îți mulțumim pentru înviere. În numele lui Isus, amin!*

Întrebări de discuție

1. Cum îți schimbă învierea lui Isus Hristos perspectiva asupra păcatului și a morții în propria ta viață? În ce mod recunoașterea victoriei asupra morții prin Isus poate influența modul în care vă confruntați cu fricile sau provocările?

2. Cum arată pentru tine trăirea în „viața abundentă" pe care o oferă Isus în termeni practici? Cum poți umbla activ în Duhul vieții în Hristos pentru a experimenta această viață abundentă în fiecare zi?

3. Care sunt unele zone din viața voastră în care umblarea după trup v-a împiedicat și cum puteți trece la umblarea după Duhul? Cum vă afectează înțelegerea legilor Duhului vieții față de legea păcatului și a morții deciziile și acțiunile zilnice?

CONCLUZIE
TRĂIND CA CETĂȚENI AI REGATULUI

Pe măsură ce ne încheiem explorarea lui Isus și a Împărăției, ne confruntăm cu o invitație puternică: nu numai să înțelegem împărăția, ci și să trăim ca cetățeni activi, împuterniciți. Prin paginile acestei cărți, am văzut nevoia profundă a unei împărății, promisiunea lui Dumnezeu de a o întemeia, sosirea ei în persoana lui Isus Hristos, calea și cultura acestei împărății și victoria lui Isus asupra morții pentru a inaugura domeniul lui Dumnezeu pe pământ. Acum, suntem chemați să răspundem – nu doar cu mintea, ci și cu viețile noastre.

Un regat nu al acestei lumi

Împărăția lui Dumnezeu nu este doar un concept teologic abstract; este o realitate prezentă și o speranță viitoare. Isus a adus această împărăție pe pământ și, prin moartea Sa, îngroparea, învierea și revărsarea Duhului Sfânt, El ne-a împuternicit să trăim ca cetățeni ai acestei Împărății astăzi. Împărăția este locul unde stăpânirea și domnia lui Dumnezeu sunt recunoscute și manifestate în viețile noastre. Însuși Isus a declarat: „Împărăția lui Dumnezeu este înlăuntrul vostru" (Luca 17:21).

Călătoria noastră ca cetățeni ai regatului începe prin a înțelege că nu mai suntem legați de sistemele și puterile acestei lumi. Calea Împărăției este radical diferită de valorile lumii. Este un mod de slujire, iubire, sacrificiu și smerenie. Cultura acestei Împărății este una a harului, milei, dreptății și păcii. Este o Împărăție în care trăim prin Duhul și suntem chemați să fim agenți ai transformării într-o lume zdrobită.

Un regat cu o misiune

În lumina a tot ceea ce am învățat, întrebarea pe care trebuie să ne-o punem este: cum modelează acest Regat felul în care trăim, lucrăm și interacționăm cu lumea din jurul nostru? Cum întrupăm valorile Împărăției în viața noastră de zi cu zi?

În primul rând, trebuie să acceptăm chemarea de a fi ambasadori ai Împărăției. Așa cum Isus a demonstrat domnia lui Dumnezeu pe pământ, noi suntem chemați acum să demonstrăm Împărăția în toate domeniile vieții. Fie în casele noastre, locurile de muncă, comunitățile sau națiunile noastre, trebuie să aducem domnia lui Dumnezeu în fiecare sferă. Aceasta înseamnă căutarea dreptății, promovarea păcii, arătarea dragostei și a face ucenici.

În al doilea rând, suntem chemați să trăim în conformitate cu calea Împărăției. Aceasta nu este o viață confortabilă sau confortabilă, ci una care este marcată de sacrificiu de sine și ascultare de voia lui Dumnezeu. Trebuie să urmăm exemplul lui Isus, trăind cu mentalitatea unui slujitor și cu inima unui ambasador al împărăției. Valorile Împărăției sunt adesea în contrast puternic cu valorile lumii și tocmai în această diferență reflectăm lumina lui Hristos către cei din jurul nostru.

Un regat al speranței

În cele din urmă, trebuie să trăim cu speranța Împărăției viitoare în minte. În timp ce Împărăția a fost inaugurată în Hristos, plinătatea ei urmează încă să vină. Pe măsură ce trăim Împărăția acum, o facem cu speranța împlinirii ei viitoare când Hristos se va întoarce pentru a stabili domnia veșnică a lui Dumnezeu. Această speranță ne dă perseverență în fața greutăților și bucuriei în mijlocul încercării.

O provocare de a trăi altfel

Pe măsură ce încheiem această carte, vă provoc să vă îmbrățișați identitatea de cetățean al Împărăției lui Dumnezeu. Lasă realitatea Regatului să schimbe modul în care trăiești, gândești și acționezi. Împărăția cere un răspuns de la fiecare dintre noi. Vom trăi ca și cum am fi într-o lume care trece, sau vom trăi ca cetățeni ai Împărăției care este veșnică?

În lumina a tot ceea ce am discutat, cum veți trăi acum? Veți căuta mai întâi Împărăția lui Dumnezeu și neprihănirea Lui (Matei 6:33)? Îți vei alinia viața cu valorile și misiunea Împărăției, știind că ești chemat să fii o expresie vie a domniei lui Dumnezeu pe pământ?

Împărăția lui Dumnezeu nu este o realitate pasivă; este activ, vibrant și transformator. În calitate de urmași ai lui Isus, suntem împuterniciți să fim parte a celei mai mari mișcări pe care lumea a cunoscut-o vreodată. Fie ca adevărul Împărăției să continue să vă modeleze viața, să vă provoace gândirea și să vă propulseze să trăiți altfel, aducând glorie lui Dumnezeu și înaintând Împărăția Lui pe pământ.

DESPRE AUTOR

Tom Cornell este liderul principal al Bisericii SOZO din statul Washington, fondatorul Walk in the Light International și al rețelei SOZO. Tom este căsătorit cu frumoasa lui soție Katy și locuiește în zona Puget Sound cu ea și cei trei copii ai lor. El a fost în slujire pastorind și predând trupul lui Hristos din 2008.

Are o pasiune de a vedea trupul lui Hristos trecând de la oameni cu o mentalitate orfană la cea de fii; echipând corpul pentru a face lucrarea lui Isus, rezultând să vedem Împărăția lui Dumnezeu manifestată aici pe pământ.